彰显语文教育理念，
呈现正道语文的探寻之路，
努力做语文教育真正的追梦人。

正道力行教语文

○ 语文之道

问道语文　漫步语文

○ 术业之思

课题研究　专题研究
教育观察　教育时评
名篇解读　教学案例
教学设计

○ 管窥之见

随心一笔　一孔时评

○ 生活之美

情缘之美　行走之美
梦想之美

占澜 著

北京日报出版社

图书在版编目（CIP）数据

正道力行教语文 / 占澜著. -- 北京 : 北京日报出版社, 2020.6

ISBN 978-7-5477-3635-7

Ⅰ. ①正… Ⅱ. ①占… Ⅲ. ①语文教学－教学研究 Ⅳ. ①H19

中国版本图书馆CIP数据核字(2020)第066759号

正道力行教语文

出版发行：北京日报出版社
地　　址：北京市东城区东单三条8-16号东方广场东配楼四层
邮　　编：100005
电　　话：发行部：（010）65255876
　　　　　总编室：（010）65252135
印　　刷：东莞市比比印刷有限公司
经　　销：各地新华书店
版　　次：2020年6月第1版
　　　　　2020年6月第1次印刷
开　　本：170毫米×240毫米　1/16
印　　张：12.5
字　　数：200千字
定　　价：46.00元

序言一

作为语文老师，其实职业生涯一开始就面临一个问题：语文究竟是什么？这个问题看起来问得有些莽撞，可是仔细想想，却非常关键。

语文是语言和文字吗？是语言和文学吗？是语言和文化吗？还是其他？追问下去我们会发现，我们每天所面对的“语文”还真没有一个统一的明确概念！连我们最权威的国家标准《语文课程标准》都巧妙地回避了这个问题。“语文”的概念没有明确，那么基于“语文”的系列概念呢？当然也一样。我们所能得出的结论是：一切都在探索之中！

不惟语文教学的理论探索空间巨大。即便有了“语文”的明确概念，我们认识到了语文的本真，又能否做到知行合一，身体力行地去践行理念，把语文视作生活的一部分或者就是生活本身，把语文教育扩展到生活的不同侧面，让语文能够在日常生活中听到回响？我所知道的，很多人认为语文是语文，生活是生活，语文和生活是两张皮。我不能说这样的认识就绝对错误，但是站在教育者的角度，我更愿意对那些用生命践行语文即生活理念的人保持更多一分敬意。

语文，实在是给了我们太大的探索空间！就看我们能否在琐碎纷繁的日常教学之余，始终葆有一份执着和坚韧，努力做语文教育真正的追梦人。我觉得在当下的语文教学环境之下，所有的努力和探索都值得肯定；对于秉持知行合一、语文即生活理念的奋斗者，我们更需保持多一分的敬意。正是从这个意义上，我对占澜老师出版《正道力行教语文》表示由衷赞赏。

我知道，作为一名在一所东莞普通乡镇中学摸爬滚打了二十多年的语文人，占澜老师并没有太优越的教学环境。但这些年，他一直坚持走语文正道，一步步成长、成熟，并最终形成自己的教学风格，出版自己的教学成果，殊为不易。我约略知道的是，2003年，他在全市语文教师阅读教学竞赛上一举夺得二等奖，算是在东莞崭露头角，据说那是茶山中学参加全市语文教学比赛取得的最好成绩。2007年，他撰写的教学论文《跳出语文教语文》又拿了东莞市一等奖，还是有点令人惊讶。东莞市每年中学语文教学论文一等奖一共才7个，初中教师能拿一等奖的，本身就凤毛麟角。2014年，他主持的课题《初中作文分层异步教学的实施研究》获得东莞市普教系统教育科研成果一等奖，则实实在在证明了他的实力。

更令人印象深刻的是，从教以来占老师一刻都没有停止专业发展。他读教育硕士，参加黄宏伟名师工作室跟岗学习，参加国培计划培训，参编省市教辅书籍；走上了学校领导岗位以后，也仍然坚守语文教学一线，坚持专业写作，从来都没有停止专业学习的脚步。直到看到他的《正道力行教语文》书稿，我终于理顺了他的成长逻辑，也比较全面地看到了他在语文教育领域的探索成果。

他的语文触角非常敏锐。从问题出发，他对语文教学中的诸多问题都有比较深入的探索和研究。比如在作文教学领域，他早在2005年就对套作、空洞无物的高考作文提出自己的看法，提出“作文教学要走正道”。其后他又开始做初中作文教学的课题研究，取得了巨大成功。最近几年，他向更深处开掘，开始把心理学的元认知理论引入到作文教学之中，也出了教研成果。除了在作文教学领域的探索，他还对词语诗词教学情有独钟，始终把学生的字词能力作为重要培养目标。他撰写论文，推动学校普及汉字听写和中华诗词教学，组建汉字听写、中华诗词专业训练队，把汉字听写和中华诗词打造成了学校的一大特色项目。2015年，他带领茶山中学的四名学生更是一举杀入了中央电视台举办的“中国汉字听写大会”全国总决赛。此外，他在语文教师的个性化、整本书阅读、语文科组建设等方面，也有非常深入的研究，最近还有多篇教研论文在《中学语文教学参考》《语文教学与研究》《新课程研究》等专业杂志发表。

不仅始终保持对语文教学的敏锐视角，坚持理论探索，他还用一以贯之的行动，秉持语文即生活的大语文理念，坚持在生活中用语文、学语文、教语文，用生命去践行自己的理念。

这些年他一边教学一边思考，记录自己的成长，写了近5万字的教学观察、成长散记、生活散记、社会随笔。一边是语文教学，一边是生命教学，他在用文字记录自己对语文、对生活、对生命的理解，他把语文的触角伸向广阔的生活海洋。读他的这些散记和随笔，我忽然想到了语文人应该有的样子。不是吗？读书、写作、生活、生命……

这本《正道力行教语文》，书名取得非常好。既是整本书内容的概括，也彰显着作者的语文教育理念。从内容上来看，书的前面两部分内容主要是作者坚持语文教学规律探寻的思想轨迹，呈现的“正道语文”的探寻之路。后面两个部分，主要记录作者在生活中学语文、用语文和教语文，是真正践行“正道语文”。整本书，其实就是在阐释作者一贯的语文教育理念：教语文就是要“行正道，重力行”。我们常常教育学生语文即生活，要从实践中学习语文，要树立正确的世界观、人生观、价值观，而自己则常常躲在语文教学的螺蛳壳中，除了语文教学还是语文教学，并没有真正践行自己的语文教学理念。在循正道的基础上，我觉得语文人更需要“力行”，要用语文行动去教育引导孩子发现生活中的语文之美。

作为东莞语文界的中坚力量，占澜老师已经是东莞市中语会常务理事，也已经成为东莞市首批“卓越教师”培养对象，成为了东莞初中语文教师的优秀代表。他的成长，可以给我们年轻的语文老师带来一些思考和启发，因此，我郑重地向大家推荐这本书。

（东莞市中学语文教学研究会会长、正高级、特级教师）

2020年5月8日

序言二

向青草更青处漫溯

不经意间，我已经在语文园地里耕耘了24载了。看着这整理的文字，回首24年走过的路，脑海里竟不自觉地跳出徐志摩先生的《再别康桥》。这24年，我难道不就是撑着一支“正道力行”的长篙，在语文的“康河”里寻梦吗？

语文就是生活。我兴趣爱好不广，也不善结交，这24年的语文教学经历，更加几乎就成了我生活的全部。于是我就在这片园地里，思考、感悟、书写，把自己的成长历程、心得体会和教育思考都记录了下来。一整理，发现竟然有十多万字，于是有了结集出版的念头。稍微捋了捋，这些内容大概可以划分为4个部分。

第一部分是“语文之道”，内容主要是我在语文园地的成长以及对语文教学的整体思考。我把它们分成“问道语文”和“漫步语文”两大板块。“问道语文”收录了我从教以来关于语文教学的一些思考探索的5篇论文，“漫步语文”则主要收录记录我成长历程的4篇随笔。

第二部分是“术业之思”，内容主要是我的教研生活，共11篇文章。我把它们分为“课题研究”“专题研究”“教育观察”“教育时评”“名篇解读”“教学案例”“教学设计”等七大板块，主要是我关于作文教学、语文课堂教学、语文教学改革等的一些专业思考，反映我方方面面的教研生活情况。

第三部分是“管窥之见”，内容主要是我的一些关于社会的随笔和时评文章。我把它们分成“随心一笔”和“一孔时评”两大板块。这是令我比较得意的一个部分。语文人手上有笔，心中有道义。我们应该通过自己的笔表达意见，引导社会朝美好的一面发展。

第四部分是“生活之美”，内容主要是关于亲情、友情、乡情、师生情的散文。我把它们分成“情缘之美”“行走之美”和“梦想之美”三大板块。语文让人有情有义有担当，这本身就是我们人文学科的应有之责。

如果说，前面两部分内容主要讲探索“正道语文”的话，那后面两部分内容责主要讲力行“正道语文”。整本书，其实就是在阐释我一贯的语文教学主张或者理念：教语文就是要“行正道，重力行”。虽然我深知因见识和水平所限，自己还远远达不到高举起一面旗帜的境界，但我想，这是我的方向，我愿意朝着这个方向前行。

借此机会，我要感谢一直以来对我的成长关怀备至的领导文辉女士、孙煜先生！感谢在我的专业成长路上一路给予我扶持的朱河清老师、黄宏伟老师、刘巍老师！感谢东莞市首批卓越教师高研班导师正高级、特级教师罗易老师、黄安生老师和其他师友给予我的帮助！黄安生老师本身是高中校长，百忙中愉快地接受了我的恳请为本书作序！感谢西南大学教育学部徐学福教授、语文教育专家湖北、江苏两省特级教师王世发老师给予我的专业上的引领！还要感谢我的乡友兼老师的北京朝阳区教研员、正高级特级教师何郁、上海交通大学附中正高级特级教师乐燎原、湖北省荆州市荆州区语文教研员特级教师冯大海、湖北省特级教师杨先武等给予我的指点和帮助！感谢广东第二师范学院闫德明教授、深圳大学高天明教授一直以来对我的指导和关心！闫德明博士、王世发老师、何郁老师、乐燎原老师还热情推荐本书，给我鼓励。我还要感谢我的学校茶山中学、我的同事们、我的家人、朋友以及我的历届学生给予我的大力支持！

大恩不言谢，我唯有不舍昼夜，不倦前行！寻梦，撑一支长篙，向青草更青处漫溯……

占　澜

于茶山丽江丽景阁

2020年4月10日

目　录

第四篇 生活之美

◇ 情缘之美

◇ 行走之美

◇ 梦想之美

第一篇

语文之道

- 问道语文
- 漫步语文

跳出语文教语文

——关于走出语文教学困境的思考与探索

【摘　要】文章从中学语文教师的困惑入题，结合多年的思考和探索，提出了从三个方面走出困境的思路：一、从提高自身素养，让自己“能”跳出来；二、重建师生关系，放低身段交朋友；三、改革教学方式，突破“传统”教语文。

【关键词】跳出　语文　教语文　思考　探索

常常听到我们身边多年从事中学语文教学工作的同行抱怨：教了那么多年语文，有时真是感到越教越不会教了。其实，这些同行的困境也是我们每一个语文教师的困境。每当为完不成学校下达的“任务”而烦恼时，我们何尝不是这样抱怨的？

抱怨归抱怨，我们还得面对现实，找到走出困境的正确方法。从我们语文教师的角度来讲，我觉得这个方法就是要“跳出语文教语文”。

“跳出语文教语文”，至少包含两层含义：其一，作为语文教师，首先我们自己要能从思想上跳得出来，牢固树立大语文观、大课程观；其二，语文教学要着眼于学生的全面发展和长远发展，围绕提高学生的语文素养的目标不拘形式地展开。前者是能不能跳出来的问题，后者是怎样跳出来教的问题。

那么怎么样才能真正“跳出语文教语文”？下面谈谈我的探索和尝试。

一、提高自身素养，让自己“能”跳出来

关于师范，陶行之先生曾有一句名言：“学高为师，身正为范。”我想借陶先生的这句名言，说说我们语文教师的自身素质提高的问题。毋庸讳言，学生的语文素养水平，很大程度上取决于语文教师的素养水平。因此作为语文教师，应该正视自身素养提高的问题。只有不断学习，不断提高自身素养，我们才能够站得更高看得更远，才能够真正拨开迷雾见青天，真正的从“语文”中跳出来。

记得一次我有幸参加观摩了本市的一次初中现代文阅读教学比赛。比赛时，有位老师对学生提出的“金钱不是万能的，没有金钱是万万不能的”的观点大加赞赏。对此，省教育厅教研室的冯善亮老师提出了严肃批评，他尖锐地指出：我们作为语文教师，首先自己的认识要跟得上来，不能还跟学生保持在同一个认识水平上，你自己对金钱都没有一个全面深刻的认知，怎么能够正确引导学生？

这件事对我触动很大，它让我意识到：作为一名语文教师，自身素养的提高是多么重要！于是这些年我做出了不少努力来提高自己。我先后参加了市中青年教师初中语文阅读教学比赛和“语文报”杯全国初中语文教学论文大赛等，那些经历锻炼了我，让我真正知道了语文教学的天地有多么广阔。当意识到自身还需要充电学习时，我毅然报考了教育硕士，继续进行专业深造。当感觉个人力量还不足以改变现状时，我与科组老师合作，进行课题研究，撰写教研论文，不断累积教育科研经验。当感觉学习的机会不够时，我参加名师工作室跟岗学习。总之就是抓住一切学习机会，努力提高自身综合素养。

二、重建师生关系，放低身段交朋友

《语文课程标准》第三部分“实施建议”中明确指出：“语文教学应在师生平等对话的过程中进行。”但在过去的传统教育影响下，在我们语文教师身上，还或多或少地存在着一些师生对话不平等的现象。这种现象的存在，在一定程度上扭曲了正常的师生关系。

关于师生关系，叶老曾有这样一段名言：“我如果当小学教师，决不

将投到学校里来的儿童认作讨厌的小家伙，惹人心烦的小魔王；无论聪明的、愚蠢的、干净的、肮脏的，我都要称他们为‘小朋友’。”[1]

叶老的告诫为我们指明了方向：重建新型的民主平等的师生关系，是我们进行正常语文教学的重要前提。

我自己就曾经有过这样的经历。一次，一个学生在上课的时候，拿着一面小镜子玩，还优哉游哉地对着镜子梳头发。我感觉我的课堂没有受到尊重，上前准备没收了镜子，可是等我上前时，那个学生竟然拿着个镜子左手右手地藏来藏去，还带着一种挑衅的眼神瞪着我，结果我跟那个学生拉拉扯扯，差点打起来。事后我才知道，那个学生之所以差点跟老师打架，是因为他觉得老师一点没有给他面子。我回头一想：假如当时我只是悄然不觉地走到他旁边，瞟他一眼，是不是问题就不会弄得那么复杂。

这下我意识到：观念再不转变的话，新型的师生关系就永远建立不起来。怎么建立新型的师生关系？放低身段，跟学生交朋友。观念一变，情况就大不一样了。早几年开始，我的很多学生在课余的时候，并不是喊我老师，而是喊我“澜哥”，我感到很亲切。有时，我临时不在学校，就有同学发电子邮件或者通过QQ告诉我班里发生的事情。有时，一些我以前教过的学生还把自己的作品发到我的电子邮箱里让我欣赏或修改，有些同学还成了我的“博友”（博客上的朋友——作者注）或者QQ好友。

随着与学生关系的改善，学生学语文的自觉性也提高了。课堂上，主动回答问题的学生多起来了；晚自修的时候，自觉学习语文的同学多起来了。学生自我监督、自我提高的能力明显增强了。

叶老说了：“‘教’都是为了达到不用‘教’。”[2]真正要教好语文，达到不用“教”，不重建师生关系，行吗？

三、改革教学方式，突破“传统”教语文

传统语文教学中，我们过多地强调课堂教学，语文学习也因而更多地被狭隘地定义为在课堂上进行语文技能技巧的传授和训练的活动，久而久之，语文课本身的丰富的人文底蕴受到了严重的损害，语文课也理所当然地成为了一门学生厌上的课。

美国教育家华特·B·科勒涅斯曾经指出:“语文的外延和生活的外延

相等。”信然！脱离生活、脱离实践的语文教学最后只能走进死胡同。

关于实践，《语文课程标准》的“前言”中有这样的描述：“语文是实践性很强的课程，应着重培养学生的语文实践能力，而培养这种能力的主要途径也应是语文实践，不宜刻意追求语文知识的系统和完整。语文又是母语教育课程，学习资源和实践机会无处不在，无时不有。因而，应该让学生更多地直接接触语文材料，在大量的语文实践中掌握运用语文的规律。”

可见，从实践中学语文，是语文学习的题中应有之义。而这一点恰恰是我们传统语文教学的软肋。我们习惯于教教材上的已经烂熟于心的现成的东西，而不太愿意进行一些探索性的语文实践。

我也是在新课程改革推出以后才幡然醒悟的。这几年我的主要做法有：

一是引导学生对报纸上、电视上和身边发生的一些话题性的新闻进行讨论，让学生真切感受到语文就在自己身边。比如韩寒现象、比如郭敬明涉嫌抄袭现象等等，我就专门组织学生进行课堂讨论。通过讨论甚至争论，同学们参与语文学习的意识增强了，口头表达能力也得到了提高。当立场观点不一致的时候，大家还学会了去找相互妥协的办法，又或者想到再去找来资料与对方辩驳。总之，大家的信息量增大了，话题增多了，口头表达能力也提高了，这不也是学语文吗？

二是经常开展一些资料搜集整理工作，让学生知道语文学习的天地无限广阔。我组织过学生搜集和整理街头上、报纸上、电视上还有各种广告中常见的一些错别字，并把它们制作成专题，全班交流；结合一些传统节日如春节、清明节、端午节、中秋节、重阳节、冬至节等，我还组织学生搜集和整理关于这些节日的来源、相关民俗表演活动及诗词文化等资料，也分别制成专题，全班交流。这些实践活动大大拓宽了学生们的视野。

三是经常性开展一些语文学习的“星级”评比活动，激发学生的语文学习兴趣。很多语文老师都要求学生写观察日记，但怎样评估学生这项活动的成效呢？这个操作难度很大，所以往往最后收效甚微。实际上不单评估操作难度大，评估的工作量也很大，如果让老师天天亲自去检查评比，那老师根本就不用再干其他工作了。怎么办？我想到了组织评星的方法。我引导学生制作了一些小五角星，组织了一个语文兴趣小组，跟这些同学一起制定了评比规则，然后指导兴趣小组的同学定期检查评比，给同学们的观察日记分别贴上不同的“星级”标志。这个做法既达到了检查的目的，又大大提高了学生的写作兴趣，效果还真不错。

（四）建立班级优秀作品集和学生自己的作品集，让学生可以“触摸”到自己语文学习的成果，看到自己的进步。每个学期，我都会把一个学期以来班上的优秀作文收集起来，制成一部班级优秀作品集。为使它真正成为全班同学的至爱，我有时还亲自给作品集命名，并为之作序。每个学期，我也要求我的学生利用假期整理自己的作品，制成自己的作品集，并引导他们为作品集取名、作序，组织大家集体评比，互相交流。同学们渐渐端正了写作态度，也大大提高了学语文的兴趣。有些同学考上高一级学校以后，还会来向我借他们原来班级的优秀作品集去看，可见这些做法对他们的巨大影响。

这些探索和尝试，也许并不新鲜，但确实让我从传统课堂教学的观念中跳了出来，路已经越走越宽了。

跳出语文来教语文，让我的语文教学的一些关节打通了，让我的语文课越教越活了，让我逐渐走出了语文教学的困境。我觉得它也应该成为我们语文老师走出困境的选择。

（此论文曾获2007年东莞市中学语文教研会年会论文一等奖）

参考文献：

[1]叶圣陶.如果我当教师[A].智慧之泉[M],北京:教育科学出版社,1986:1.

[2]叶圣陶.大力研究语文教学,尽快改进语文教学[A].叶圣陶语文教育论集[M],北京:教育科技出版社,2015:112.

问道语文

走出效率误区，呼唤个性语文

——构建有“语文味儿”的语文课堂摭谈

【摘　要】当前的语文课堂教学，功利性太强。在“效率”的旗帜下，种种与语文课堂不相协调的现象逐渐出现并且有继续扩大的趋势。这是语文课堂教学走入误区的表现。文章提出：应该努力构建有语文味儿的课堂，语文课应该要有自己的个性，语文教师应该发挥教学自主权彰显个性魅力，让学生能够发挥自己的个性。

【关键词】效率误区　个性语文　语文味儿　语文课堂

或许是受到了自然科学学科乐于用实实在在的数字去量化评估课堂效率的实用主义思潮影响，现在很多地方一谈语文课堂教学，似乎都要讲所谓“课堂效率”、讲所谓“高效课堂”，好像不谈“课堂效率”“高效课堂”就跟不上形势一样。

语文课堂要不要效率？答案无疑是肯定的。问题是什么样的语文课堂是有效的和高效的？什么样的课堂是无效的或者是低效的？

要回答这个问题，按照效率的定义，我们当然要看单位时间完成任务的情况。可是语文课堂教学，我们可以观察到的可以量化的只是一些训练及其结果，对教师在课堂上给学生带来的情感、思想等方面的影响，我们几乎没有办法给出一个科学理性的判定。于是为了演绎“高效”课堂，我们就需要在课堂上拼命“训练”，以展示效果。语文课堂教学日渐变成了所谓“效率”主导下的技术性训练比拼，语文课也就日渐失去了“语文味儿”。

“效率”主导已经对语文教育和语文课堂教学造成了严重影响，如今的语文课，几乎已经很难感受到语文味儿了，甚至已经走进了误区。兹列几个突出现象供大家探讨。

误区之一：没有课件不能上课

自从有了多媒体教学平台以后，笔者几乎再也没有听到过一次不运用多媒体课件来上的公开课。仿佛顷刻之间，大家都毫无抵抗地就接受了以多媒体平台来辅助教学的形式。所有的大大小小的公开课、竞赛课、示范课几乎无一例外地接受了一个潜规则——要使用课件上课。

要不要使用多媒体，其实是个不需要争论的问题。多媒体课件的使用有利于我们借鉴别人的成果，有利于实现所谓的“高效课堂”目标，这是我们每个人都无法抗拒的。只是笔者常常在思考一些问题：在使用了课件以后，我们作为执教者的个性究竟体现在哪儿？我们的学习者的个性又究竟体现在哪儿？进而，我们语文课的个性又体现在哪儿？为什么我们的语文课堂不肯给不要课件的语文课留一扇小小的窗，而一定要把它赶尽杀绝？

误区之二：直接用数学思维理解语文问题

理解一篇文章或者一段话，甚至一个词，我们总是希望能够一一对应，甲等于乙，丙等于丁。殊不知，有一千个读者，就有一千个哈姆雷特。的的确确存在说不清道不明的东西，的的确确存在需要我们自己独自去领悟的东西，这本身就是语文的一个特点，可是我们的执教者常常要去做一些违背常识的事情，总是想用极简单的数学原理或公式试图“帮助”学生。于是，用了比喻，就一定是使表达更加生动形象；用了动词，就一定是对人物动作进行刻画描写，诸如此类，把一篇好好的文章大卸几大块甚至几十小块进行所谓“分析”。原本需要通过涵泳才能体会到的只可意会不可言传的一些神韵，硬要生硬地“对应”出一个理解来，结果弄得不伦不类，似是而非。

误区之三：直接从答案出发寻找语文答题规律

前不久，笔者到某校听一节中考备考公开课。听完课，很多同事都觉得执教老师对中考“研究很深很透”，我却不表认同。最不认同的就是，执教老师竟然教学生从分析中考阅读文段参考答案入手总结答题规律。阅读是对文本的阅读，脱离文本，从答案出发找答题规律，把本来需要学生探索的东西，当成是已经存在的结果，然后告诉学生应该怎样抵达那个结果。我不知道我们这样的语文课究竟想告诉学生什么！这还是语文课堂吗？

误区之四：以分数评价代替作文评语

作文教学是语文教学的重要组成部分。学生一篇作文交上来，很多是在用心跟老师对话，可是在技术化倾向日益突出的今天，我们很多老师却不去用心和学生对话，而是采用更直观的方式——分数来评判学生作品的优劣。我不能想象这样的作文课上语文味儿从何而来。

凡此种种，我们看到的尽是“效率”，却看不到语文究竟在哪里，更看不到语文味儿在哪里。

那么，语文课的语文味儿究竟去了哪里呢？

我们不妨看看语文名师程少堂老师关于“语文味儿”的定义。“所谓‘语文味儿’，就是在语文教学中体现出语文学科作为一门既具有工具性又具有人文性的基础学科的性质来，体现出语文学科的个性所决定的语文课的个性和执教者、学习者的个性来，从而使语文课洋溢着一种语文课独有的迷人氛围和个性魅力，使学生对语文产生强烈的兴趣，进而使师生双方得到共同发展。”[1]

在这个定义里，程少堂老师突出提到了“个性”这个词，强调了语文课的个性、执教者的个性和学习者的个性。个人认为，这正是“语文味儿”的根本所在。语文课应有语文课的个性，执教者应有执教者的个性，而学习者也应有学习者的个性，这就是有“语文味儿”的语文课堂。原来，在追求“效率”的旗帜下，我们已经离个性语文越来越远，甚至是在背道而驰，难怪我们的语文课越来越缺少语文味儿了。

那么，我们又该如何构建富有语文味儿的课堂呢？结合程少堂先生的语文味儿理论和自己的理解与实践，笔者认为应该从重建个性语文入手。

一、把语文课上成语文课，上出语文课的个性来

程少堂老师说："净化语文课堂教学的内环境，尽可能把不是语文或不具有'语文味儿'的东西清除出语文课堂，是使语文课具有'语文味儿'的前提。"由此可见，把语文课上成语文课，有一个内在的要求：那就是首先一定要研究语文的特质是什么。

那么语文的特质究竟是什么呢？虽然不同的人有不同的回答，但大家最接近的共识就是它既具有人文性又具有工具性，是人文性和工具性的统一。可不能小瞧了这个特质，这可是我们从事这个职业的人的意义所在。我们这个学科的个性正是来源于此。

搞清楚了这一点，我们再来理解陈仲梁老师的名言"语文课上成语文课，是最高的境界"就容易多了。我们观摩学习他的课以后，就能更直观地理解什么是有"语文味儿"的语文课了。

几年前，陈老来东莞可园中学为我们上的一节语文示范课《风筝》就是一堂这样的课。整堂课没有"眼花缭乱"的多媒体运用，没有"热热闹闹"的课堂讨论，也没有急急忙忙的效果展示。有的只是引导学生走进文本，寻找和品析关键词语和句子，揣摩文章起承转合、前后照应的纹理。整堂课"安静""有序""温和""深刻"，"语文味儿"十足。

虽然我们很难抽象出语文课的个性究竟是什么，但我们大概可以有这么几个视角来观察：①它是语文课，而不是其他课，更不是其他的课的综合或者附庸。②它具有独特性，绝不是某种固定模式。③它是一种很高层次的艺术，绝不是简单的随性而为，既有形又无形。说它"有形"是指具体的某一个人、某一堂课，我们是可以感受到它的特点的；说它"无形"是指我们想用某种简单的模型或者模式去概括它又非常困难。

所以，把语文课上成语文课，说起来简单，做起来其实很不简单。我们说它简单是因为我们没有在语文课应该具有的个性方面做深入研究，以为无论怎么上的语文课都是语文课。事实上，有些语文课我们只能说它徒有语文课之名，而根本就没有语文课之实。只有那些深谙语文课的课程个性和掌握了真正的语文教学精髓的人，才能真正把语文课上成语文课。

二、充分发挥语文教师的教学自主权，让语文课堂处处彰显执教者的个性和人格魅力

程少堂老师在新作《呼唤“文人语文”——“文人语文”放谈》里认为我们“现阶段语文教学”“客观上已经进入”了“通过文本讲教师自己的生命体验”的阶段，他甚至放言：“思想家可以‘我注六经’，也可以‘六经注我’，语文教师为什么只能够‘我讲文本’，而不能‘文本讲我’？”

广州培正中学梁青老师也提出“语文，应有‘我’在”的观点。他通过两个具体的教案分析指出：“平面地、静止地、琐碎地阐述文本，‘我’便在语文之外，匠气十足，必死无疑；立体地、动态地、整体地观照文本，‘我’自在语文之中，文气四溢，生机勃发。”[2]

两位老师很鲜明地提出了语文老师应有独特的个性和人格魅力的问题。那么如何才能让语文老师具有个性和人格魅力呢？

在笔者看来，首先就是要发挥语文教师的教学自主权。只有充分发挥语文教师的教学自主权，才能让语文课堂处处彰显老师的个性和人格魅力。笔者认为：这一点，正是当前的环境对语文老师制约最大的一个部分。事实上，我们一直都在寻找各种各样的模式，试图寻找某种形而上的语文课的模型，从而提高语文教学的效率，我们一直都在有意无意地忽视作为个体的老师的个性存在，甚至一些学校还在统一教案、统一进度、统一练习等，语文老师连透一口气的空间都没有，又如何让语文课堂有自己的个性？

当然，要让语文课深深打上“我”的烙印，处处彰显“我”的个性和人格魅力，语文教师自身素质的提高也是必不可少的甚至起决定作用的要件。能力不济，或许照本宣科都有问题，怎么可能让“文本讲我”？正如程少堂老师所说：“提高教师素质，是使语文课有‘语文味儿’的关键。”只有那些能够自己读透文本的老师，文本才可能因之而别具风情，别有韵味，才能真正做到“文本讲我”。

三、让学生成为课堂的主人，让他们有时间思考，有权利选择，有机会表达，有兴趣探索，充分展示出一个学习者的饥饿感和个性来

每一年，各个级别的公开课都听了不少，笔者的一个总的感觉就是：非常赶！老师在赶着把内容讲完，把既定的教学任务完成好；学生在赶着把训练搞好，把跟老师的互动配合好，把所谓讨论的样子摆出来。有时候，一个问题抛给学生，因为时间关系一般学生一时回答不了，老师得赶快寻班上的王牌来充当“救兵”解决问题。如此等等，老师学生其实全在充当演员角色。我常常想：许多的语文问题，一展开恐怕可能就是一个研究课题，你要学生在短短的几分钟内思考好并且要表达出来，这是一个何其高难度的要求！可是没有办法，我们的“效率”要演出来，于是明知道这是违背常理的事也要去做。

要彻底告别语文课这种蒙人的“虚假繁荣”状态，我们必须让学生成为课堂的主人。要弄懂课文，最基本的就是要学生自己去读，让他们自己去发现问题，从而寻求解决问题的办法。这个方面执教者不能代替，也代替不了。就像教育一个孩子不要犯错误一样，我们总是试图告诉孩子这样不行，那样也不行，以便让他少犯错误，能够比较顺利地实现自己的目标。可是事实上，靠我们说教并不能代替孩子通过犯过错所获得的人生经验。对孩子来说，最有价值的就是他犯错误的过程和结果给他带来的人生体验。这是谁也代替不了的。

在笔者看来，语文课有朗朗书声，有静静的思考，有独立的选择，有平等的机会，有自由的表达，有民主的交流，有探索的兴趣等，才能生成学习者的个性。在这样的氛围之下，语文课堂才有独特的味儿了。

陆九渊在《读书》里写道：“读书切戒在慌忙，涵泳工夫兴味长。未晓不妨权放过，切身须要急思量。”是的，语文就是这样一门需要涵泳、需要个性的学科。如果我们不尊重它的学科性质，语文教学一定会偏离它应有的轨道，让语文课的语文味儿尽失，这是我们所不愿意看到的，这也是笔者写作本文的初衷。

最后，笔者衷心呼唤一个有语文味儿的语文课堂教学新时代的到来！

（此论文曾获2011年东莞市中学语文教研会年会论文二等奖）

参考文献：

[1]程少堂.“语文味儿”理论构想[J].语文教学与研究,2003(13):6.

[2]梁青.语文,应有“我”在——例谈“文人语文”与“匠人语文”[J].语文教学通讯,2011(02):11.

活用大语文资源，培养学生创新思维

【摘　要】创新已经成为时代发展的一个鲜明主题，培养创新型人才是教师的重要使命。创新型人才的出现离不开创新思维培养，那么如何培养学生的创新思维呢？结合语文教学实际，文章提出了这样的解决问题的思路：活用大语文资源，从培养学生创新思维意识、提升学生创新思维品位、提高学生创新思维能力、培植学生创新思维发展沃土等四个方面培养学生创新思维。

【关键词】活用　大语文资源　培养　学生　创新思维

“创新是一个民族进步的灵魂，是一个国家兴旺发达的不竭动力，也是中华民族最深沉的民族禀赋。在激烈的国际竞争中，惟创新者进，惟创新者强，惟创新者胜。”[1]习近平总书记的讲话高屋建瓴，准确把握了时代发展的最新形势，把创新的重要性提升到了一个空前的高度。

那么什么是创新？什么是创新思维？“创新”就是指敢于冲破旧思想、旧观念、旧模式的束缚，具有解决新问题，获得新成果，开拓新局面的思想和主动精神，在复杂、迷茫、艰苦的情形中能有所发明，有所突破。[2]“创新思维”是指以新颖独创的方法解决问题的思维过程。

“一个具有创新素质的教师才能培养出具有创新精神的学生。美国心理学家托兰斯的研究发现，教师在创造性动机测验中的成绩与学生的创造性能力之间存在一定的正相关。”[3]然而长期以来，很多语文老师认为：培养创新思维，那是理科要干的事情，跟我们语文老师没有什么关系。其实，培养创新思维，语文老师既有义不容辞的责任，也有非常广阔的空间。

一、活用语文教材资源，培养学生创新思维意识

语文教材中充满了奇思妙想。我们善加引导，可以培养学生创新思维意识。

像《夸父逐日》这个神话故事，如果仅仅当个故事去讲，或许学生兴趣不大，但是当我们从思维的角度去解读这则神话，我们就会发现这里边的创新思维其实是一大亮点。让我们闭目想一想：远古时代，在大自然面前，我们人类其实是非常非常渺小，非常不堪一击的。洪水、猛兽、疾病无时无刻不在威胁着我们的安全。可是即使是在这样的条件下，我们人类仍然可以放飞梦想，想到去追赶太阳，想到把黄河渭河的水都喝干，想到死了以后化作一片桃林。这种神奇丰富的想象力背后，其实就是活跃的创新思维。我们一方面赞叹故事的神奇，另一方面对古人表现出来的创新思维更是顶礼膜拜！

还有像《童趣》这篇文章，里面也是充满了创新思维。一只蚊子，在作者眼中，时而如"群鹤舞于空中"，时而如"鹤唳云端"。作者驰骋想象"以丛草为林，以虫蚁为兽，以土砾凸者为丘，凹者为壑，神游其中"。"忽有庞然大物，拔山倒树而来，盖一癞虾蟆。"在想象力的点染之下，连一只癞蛤蟆都变得如此神奇而富有魅力。童年的情趣背后，我们更看到了创新思维的魔力！

日本作家星新一的《喂，出来！》，如果我们不从创新思维角度进行解读和引导，那简直就是暴殄天物。市郊一个村庄突然出现一个深不可测的黑洞，一个奇特的想象把我们的思维迅速带到一个充满神奇的天地。垃圾扔进洞里，世界从此清爽。有意味的是，有一天那些扔进去的垃圾从天而降，神奇却又显得合理，这更是一个奇妙的想象。如此丰富的想象，加上一个个鲜明生动的形象，一个个的突如其来的情节，更加突出地反映了人们对伴随着经济社会高速发展带来的环境问题的焦虑和担忧。

教材资源中所蕴含的这些丰富的创新思维元素，如果我们挖掘运用得好，必定能够在学生心中播下创新思维的种子，启发和培养学生创新思维意识。

二、活用课外阅读资源，提升学生创新思维品位

一是充分利用学校图书资源和学校组织的图书漂流活动，开展文学性作品阅读活动，蓬勃学生的想象力。跟着儒勒·凡尔纳的《海底两万里》，我们带学生走进大海深处，感受作者的非凡想象力和大海的无穷魅力。跟着丹尼尔·笛福的《鲁滨逊漂流记》，我们带学生走进大西洋孤岛，经历荒岛求生的磨难，让他们从心灵到精神经受一次成长的洗礼。跟着吴承恩的《西游记》，我们带学生神游“西天”，感受孙悟空那可大可小的“金箍棒”和“七十二变”的神奇。那吹一根汗毛就能变出一群猴子的神奇本领，据说甚至是现代克隆技术的启蒙。

二是充分利用“微信读书”APP、班级QQ群等平台，定期分享或者推送一些优秀知识性书籍、电影等，供学生阅读观看，扩大学生的思维容量。这几年中，我先后把《上下五千年》《万历十五年》《瓦尔登湖》《人类简史》《漫说纳米》《盗梦工厂》以及一些经典电影推介给学生，让他们利用节假日广泛阅读欣赏，不断扩大学生历史的、哲学的、科学的思维视野，提升其创新思维品位。

三、活用语文课堂活动，提高学生创新思维能力

开展一些语文课堂创新活动，激发学生的创新活力。

（一）开展语文课堂质疑，打开创新思维阀门

质疑是创新的开始，也是培养创新思维的起点。现代心理学认为：学生在学习中产生疑问，原有的知识经验与新接受的信息发生了矛盾，在心理上就会出现一种力求统一矛盾、使心理状态趋于平衡的要求，促进了思维的展开，一旦这种矛盾统一了，便得到了一种心理上的满足。质疑就是刺激学生积极思维的诱因，也是促其发奋学习的动力。有了质疑，学生就会产生求知欲，变被动接受为主动追求。

在语文教学过程中，我们最需要追问的问题就是“为什么”。学《孙权劝学》，我们就要引导学生追问：为什么要写鲁肃与吕蒙结友？学《一颗小桃树》，我们就要引导学生思考作者着意写到奶奶和爷爷，有什么特别的用意？学《紫藤萝瀑布》，我们就要引导学生追问：为什么要插叙一

段曾经的往事？学《皇帝的新装》，我们就要引导学生追问：为什么最后是小孩说出了真相？总之，为了培养学生创新思维，我们就要让质疑贯穿我们的语文教学全过程并且伴随我们的整个教育生涯。

（二）开展课本剧表演活动，启迪学生创新智慧

在教学《孙权劝学》的时候，我把学生分成四个小组去对作品进行课本剧改编和展演活动。学生之前从来没有进行过这样的活动，感觉有难度。我说，不难，你们不是经常追剧吗？现在我把任务、演员都交给你了，如果让你来做导演，你怎么去把这个剧演好？他们就开始推导演，选演员，编剧本。准备了一星期，该上场表演了，我架好录像机，拍摄了全过程，表演的情况非常不错，有一个小组还分了三幕来演绎，借助班里现有的扫把等清洁工具，把朝廷以及君臣关系演绎得活灵活现。特别有趣的是，他们以略带童真的思维去创新地演绎成年人的世界以及朝廷的各种复杂关系，有模有样却又总是欠点什么。事后我把他们表演的完整视频再放给他们看，他们看到了很多很多自己的不足，也讨论了很多很多改进的方案。

央视有个节目叫作《经典咏流传》，用音乐的形式演绎文学经典，让经典再一次大放异彩。我也做过这样的一些探索。像学习苏轼的《水调歌头·明月几时有》，我就引导学生一边赏词，一边听歌，把作品跟音乐结合起来，用一种完全不一样的方式带给学生一种创新的全新体验。让学生从学习中得到思维的启迪：原来诗词还可以这样玩，这样教！

而在教学《黄河》一诗时，赏析外，我又让学生进行了集体朗诵的训练。领诵、男声齐诵、女声齐诵、全班齐诵。一遍、两遍、三遍，我们觉得效果不行，又进行了第二次的演绎，不断改进，直至大家都比较满意为止。我也进行了全程录像，与学生分享，让他们初步感受到朗诵的魅力，以至于对朗诵，对诗词，对语文有了全新的认识和体验。

(三)开展创新作文训练，提高学生创新思维能力

1.开展课文改编活动，对作品进行“价值再造”

《皇帝的新装》的结尾，皇帝已经感觉到“新装”可能是假的，仍然坚持穿着“新装”参加完游行大典。故事戛然而止。能不能给故事再补一个恰如其分的结尾呢？

我就做过这样的一些尝试，学生还真有一些奇思妙想。有的同学设计

最后皇帝下令追查两个骗子，全部杀了头；有的同学设计皇帝认为问题的祸根在身边的大臣不忠，于是下令把那几个撒谎的大臣全部抓进了大牢。印象最深的一个设计是，皇帝认为主要是那个小孩乱说坏了大事，所以把小孩抓来杀了。虽然这个结尾比较血腥残忍，但是从表现皇帝的昏庸腐败这个角度来看却是最好最有力的改编。

2.进行想象性作文训练，让学生的想象力尽情驰骋

想象力是人在已有形象的基础上，在头脑中创造出新形象的能力。想象力是一种创造力，是一种创新力，是推动社会发展的不竭动力。爱因斯坦曾经说过：“想象力比知识更重要，因为知识是有限的，而想象力概括着世界上的一切，推动着进步，并且是知识的源泉，想象力是科学研究中的实在因素。”开展想象性作文训练是训练学生创新思维的有效办法。

几乎每一届学生，都会接受我的一系列想象性作文训练。《桌椅的对话》《我的××梦》《与二十年后的自己相遇》《书途奇遇记》等等。为激发学生发挥想象力，我和我们校长连续在校刊发表科幻想象作品，引领学生发挥想象力，写出好作品。通过长期的训练和引领，同学们的想象能力得到了极大的提高。我所指导的学生，已经有三人获得过市级以上“梦·阅读”等征文比赛奖项。同学们创作的元旦晚会小品，年年也是创意迭出，甚至直接被选送参加镇春晚。

不断地为学生营造这样的创新思维平台，让学生的想象力尽情驰骋，让学生的创新思维通过持续不断的训练得以成长、成熟，最后形成极具竞争力的创新素质和创新能力。

四、活用语文综合实践资源，培植创新思维发展沃土

著名心理学家托兰斯说：“我们要想促进学生的创新思维能力，就需要提供一个友善、和谐的环境，以便使之在其中繁荣发展。”

按照新课程改革的理念，学科综合实践课程目前正在逐步深入推进，各学校正在围绕培养学生核心素养的要求，开发有利于学生全面发展的综合实践课程。这些课程也成为了我们培养创新思维和创新能力的重要资源和发展环境。

比如我们成立校园文学社，开辟校刊园地，鼓励学生投稿，如今学生

在校刊上发表诗歌、散文、小说、读后感等各类作品数百篇。结合本地实际，我们鼓励学生发掘本土名人、风俗、美食等传统文化，开展各种创作交流展示活动。我们先后举办过中秋创意灯笼制作展、元宵猜灯谜游园和中华经典诵读比赛等活动。

不做太多限制，鼓励学生创意表现，让学生在活动中自由发挥想象，尽展其才。有了这样的沃土，学生创新思维和创新能力怎能不得到繁荣发展？

总之，作为语文老师，我们千万不能说“创新不关语文老师的事”。在培养学生创新思维方面，我们语文老师不但应该有所作为，而且还大有可为！让我们期待陶行知先生所呼唤的“处处是创造之地，天天是创造之时，人人是创造之人”的时代早日到来。

（此论文曾获2018年东莞市中学语文教研会年会论文三等奖）

参考文献：

[1]习近平.习近平在欧美同学会成立100周年庆祝大会上的讲话[N].人民日报，2013-10-22(02).

[2]赵欣,李美丽.大学生创新能力培养的现状与对策[J].中国电力教育,2011,(10):19.

[3]孙晓明.创新教育的关键是教师[J]. 辽宁教育,2003(3):31.

语文教学因“变”而活

【摘　要】文章主要探讨转变语文教学观念的问题。语文教学观念如何转变？从语文教学的现状和尴尬处境出发，文章按照“为什么要转变语文教学观念”“如何转变教学观念”的思路，重点从转变态度、转变策略、转变重心三个方面详细进行了阐明，提出：“语文教学因‘变’而活”。

【关键词】语文教学　转变　观念

语文教学历来被认为是个老大难的问题。一个最基本的现状就是：我们教语文的老师，因为往往吃力不讨好，所以没有几个不抱怨自己入错了门的；而在学生一方，尽管多数人承认语文老师的确付出了不少，但是回到根本上，他们却没有多少人认为自己爱语文或者说爱学语文；而在社会上，语文教学也历来饱受抨击，“少慢差费”的标签让语文教学处境相当尴尬。学校的压力、家长的抱怨以及社会的批评似乎从来没有停止过，用四面楚歌来形容或许都不算太过。

面对这样的语文教学现状，我们语文教师能做什么？

我觉得我们必须作出一些改变，首先就是观念上的一些转变。因为这不仅是我们语文教学实际的需要，也是语文教学改革的要求。

《全日制义务教育语文课程标准（实验稿）》的第一部分的“前言”中，有这样一段表述：“面对社会发展的需要，语文教育必须在课程目标和内容、教学观念和学习方式、评价目的和方法等方面进行系统的改革。”在其第三部分的“教学建议”部分，还有这样一段表述：“学生是语文学习的主人。语文教学应激发学生的学习兴趣，注重培养学生自主学习的意识和习惯，为学生创设良好的自主学习情境，尊重学生的个体差异，鼓励学生选择适合自己的学习方式。教师是学习活动的组织者和引导者。教师应转变观念，更新知识，不断提高自身的综合素养。应创造性地理解和使用教材，积极开发课程资源，灵活运用多种教学策略，引导学生在实践中学会学习。”

由这样一系列表述，我们不难看出：当前的语文教学改革，已从若干不同层面，对我们语文教师提出了新的要求。而要适应这些新的要求，我们就得从语文教学观念上作出一些转变。

那么我们语文老师究竟应该如何转变观念呢？

结合自己的教学实践和一些理论思考，我认为我们应从以下三个方面着力。

一、转变态度：变被动改变为主动改变

什么是被动改变？简单的说，就是没有弄清教学所追求的终极目标和核心，也没有弄清新课程改革的目标，教育教学活动不是根据自身的实际需要和形势要求作出调整和改变，而是随着别人起舞，被动应对的行为。

而主动改变则是对教学所追求的终极目标和核心以及新课程改革的目标有着全面深刻的理解，为适应语文教育教学形势的发展，主动吸收一些新的教育教学理念和教育教学的方式方法，主动对自身的教育教学行为作出调整改变的行为。当我们的语文课堂死气沉沉的时候，我们需要作出改变；当课文的难度很显然超出了学生的能力范围时，我们需要作出改变；当布置给学生的作业让学生普遍感到不适应的时候，我们需要作出改变；当与学生的沟通出现问题时，我们也需要作出改变。总之，我们对每一次改变都有着清醒的目标认知，都是根据教育教学的实际需要和形势的发展主动作出的。这就是主动改变。

那么我们语文教师怎样才能做到变被动改变为主动改变呢？

首先，我们应该清醒地认识到这次基础教育改革尤其是语文新课程改革的目标和意义。我们应该看到，无论是从深度、广度还是推广的力度来看，应该说之前任何一次教育教学改革都不能与这一次教育教学改革相提并论。这是一场关系到民族未来的教育教学改革。作为语文教师，我们只

有深刻领会到这次基础教育改革的目标和意义，才能够自觉主动地投入其中，才能够在自己的日常教育教学实践中主动作出改变。

其次，我们还要有一点“抗压”能力和“比较单纯”的教育理想。我们应该看到这样一个现实：我们的许多学校，还是在为考试而教育；我们的许多语文老师在分数主义的指挥棒下，还只是打着新课程改革的旗号，干着应试教育的事情；在一些地方，语文教学改革实际上成了只是做做样子给别人看。在这样的背景下进行的语文教学改革，大家即便参与进去恐怕也只能算是被动参与，绝不是主动投入。看看我们时下的许多公开课就知道了，课上搞的是一套，课下搞的又是另外一套，就像演戏一样，那不正是这种情况的反映吗？所以我想，要做到主动改变，没有一点“抗压”能力，没有“比较单纯”的教育理想是不成的。

千万不要小看“被动”“主动”仅一字之差，实际上这里面揭示的是两个完全不同的境界。这一点我深有体会。

为了深入推进课堂教学改革，学校投入重金，安排了全体语文老师参与导学案编写工作。这本是改善教学，提升教学质量和教研水平的一次重大机遇，是一件大好事。可是有些老师就是从心里就不肯改变，不肯参与，总是怨天尤人。勉强被逼着参与以后，也只是从网上东抄西抄，拼凑应付。结果这些老师非但没有完成好学校布置的任务，几年下来以后，他们甚至连一节像样的公开课都上不了。更重要的是，班级语文教学已经形成了“老师讲课数年不变——学生学习毫无兴趣——教学成绩越来越差”的恶性循环，有的老师到了最后只能是被末尾淘汰。同样是这个过程，一些年轻教师主动担当，争着外出学习，争着承担大型公开课，争着参与导学案编写工作，就得到了迅速成长，不但教学成绩显著提高，教科研能力也得到了快速提升。主动改变和被动改变，差距又何止一个境界！

所以，要想在语文教学方面有所作为，我们一定要转变态度，一定要主动改变。

二、转变策略：变粗放式整体同步教学为精耕细作式异步分层教学

所谓“粗放式整体同步教学”，就是不考虑或者是很少考虑学生接受的实际效果和学生个体的差异，统一步调、统一规格和统一要求组织教学

的一种教学策略或者说一种教学理念。而“精耕细作式异步分层教学”，则是充分考虑学生的学情，考虑学生个体的差异，考虑学生接受的实际效果而对学生实施分层次异步施教的一种教学策略或者说一种教学理念。我提出这两种不同概念，目的是为了让我们语文老师比较鲜明地了解到新旧教育策略的不同。

为什么要实现这种由粗放式整体同步教学到精耕细作式异步分层教学的转变？

因为事实已经证明：那种不考虑学生的接受效果和学生的个体差异的教学理念和教育策略已经不能适应我们今天语文教学的发展需要了。而且我也始终认为：一个学生就是一个世界，几十个学生就是几十个不同的世界，关注每一个学生个体的差异和每一个个体的发展，才算真正的面向了全体学生，因材施教，致力于每个人的发展，这才是教育的根本，也是我们落实新课程改革的着力点。

那么我们该如何实施“精耕细作式异步分层教学”？

首先，我们要根据学情实施合理分层。孔子最早提出了“因材施教”的观念。这种观念影响着一代又一代的教育人，也与我们今天的教学改革理念十分契合。我们语文老师要想教有所成，就必须真正了解每个孩子的语文学习情况，对每个个体的语文能力现状有清晰的分析和定位。基于这样的学生学情分析，我们就可以根据他们学习所处的不同能力水平和发展阶段，来予以合理分层。

其次，我们要大胆实施分层异步教学。什么是分层异步教学？就是根据学生的个体差异，在课堂上对学生进行分层异步指导，该帮的就帮，该扶的就扶，该放的则放，使不同层次的学生各得其所，真正让教学面向全体学生。为更深入地理解和贯彻这种教学理念，我和我的同事们已经开始在作文教学方面组织课题进行专门的探讨和研究。

在平时的作文教学中，我们经常面临这样一个很头痛的问题：总有一部分同学不写作文或者不按要求写作文。你问他们怎么回事，他们就回答说不会。在近几年的中考阅卷中，我们也发现，总有一些试卷作文零分或者几分。可能很多时候我们都会认为这是学生的写作态度问题，可是细想一下：他们有的连小学毕业的语文基础都不具备，你要他们跟班上其他学生一样顺利完成一篇作文，谈何容易啊！

面对这样的情况我们该怎么办？还统一进度统一要求？能行吗？显然行不通。这个学期我就尝试着在作文教学方面运用异步分层教学法对学生进行指导。对那些写作方面确有困难的学生，我就降低要求，多给他们作“前作文”指导。经过一段时间的努力，我发现不交作文的人少多了，有时甚至还能交齐，虽然仍然有些同学还是在应付老师，但也有了变化，至少他们基本能做到按时交作文。我相信如果再多给点耐心，他们的情况就会更好一些。要是有一个相对宽松一点的教学环境，这些学生也一定可以再进一步。

而如果不进行教学策略上的调整，这些学生恐怕永远都不会回头，将来又要考零分或几分。可见及时调整和转变语文教学的策略，对那些在语文学习方面有困难的学生来说，是多么的重要！

三、转变重心：变“以教论学”为“以学论教”

传统教学中，我们是“以教论学”。我们看学生学习的效果往往是通过讨论老师的“教”来评估，其重心还是在“教法”上；而现在，重视“学法”已然成为新课程改革的重要特征之一，教得好不好，要通过学生“学”得怎样来评价。我想我们作为学生“学习活动的组织者和引导者”，就应该把教学的重心放在“学法”指导上。因为我们“教”的根本目的就是为了学生的“学”，离开了学生的“学”，所有天花乱坠的“教”都只不过是做戏罢了。

对“教”与“学”关系的正确认识，为我们确立学生在学习活动中的主体地位和主人地位扫清了障碍，也从根本上还原了语文教学的本来面目。

在这方面，两位享有盛誉的语文特级教师为我们作出了有益的探索，树立了很好的榜样。魏书生老师创立的“六步教学法”，以“定向——自学——讨论——答疑——自测——自结”六个步骤，确立了“学生自学为主，引导学生为主”的基本理念，充分体现了学生的主体地位和主人地位，老师在这里只是学生学习活动的引导者。钱梦龙老师创立的“三主四式语文导读法”，创造了“自读——教读——复读”的学习模式，以“学生为主体，教师为主导，训练为主线”，既充分体现了学生的主体地位和主人地位，也体现了语文老师在教学中的主导地位。两位前辈的探索在今天未必就是最好的方式，但是他们的探索启示我们：我们再也不能在“教”与“学”的关系问题上忽左忽右、游移不定，更不能不知所措，而是得尽快从“以教论学”中走出来，走到“以学论教”的正道上来。

其实，在日常实际教学实践当中，我们越来越多的语文老师已经有了某种程度的共识：我们听课更喜欢听“原生态”的课，对那些刻意制造“虚假繁荣”的课，我们已从心底里感到厌倦；我们听课比以往更加关注学生的“学”的情况，特别是关注在一堂课里学生究竟自己学到了什么，究竟学会了什么，在听课的过程中，老师们都格外留心地观察学生们即时的反应。

跟以前相比，这是一个很大的变化。毫无疑问，这是语文新课程改革带来的观念上的变化。从这个变化我们不难看出：今天，语文教学关注的重心已然发生了变化，“以学论教”的观念已经开始在我们语文老师心目中生根发芽。

“要培养具有创新意识的一代新人，关键在教师，在教师的教育观念。”[1]

“更新教师的观念是实施新时期课程改革的前提。只有冲破传统思维定式的束缚，树立与新课程改革相适应的教学观念和教学策略，才有可能在实施中不走或少走弯路，达到改革所要求的教育质量与效益。”[2]

“语文教学要改革，改革的关键首先在于每一个语文教师教育观念的转变。”[3]

以上观点无一不在揭示：语文教学关键在转变教师的教育观念。改变才有出路，改变才能获得生机。只有教师的教育观念转变了，语文教学的活力才能被充分激发出来。

参考文献：

[1][2]基础教育课程改革教师培训教学研究组组编、张晖编著.《新课程的教学改革》[M].北京：首都师范大学出版社,2001:65.

[3]秦训刚、晏渝生.《语文课程标准教师读本》[M].武汉：华中师范大学出版社,2002:64.

给学生的语文学习插上高飞的翅膀
——谈利用电脑和网络资源改进语文学习

【摘　要】如何在新形势下顺应新课程改革的要求，充分利用电脑和网络资源改进学生语文学习？文章着重围绕如何利用电脑和网络制作课件激发学生语文学习兴趣，如何利用电脑和网络制作专题引导学生学会审美和深入思考，如何利用电脑和网络改进写作以及如何利用电脑和网络开辟网上学习阵地等四个方面展开了讨论。

【关键词】电脑　网络　语文学习

时代发展了，如果我们还总是习惯性地停留在过去的观念上来看问题、思考问题，那我们将永远落后于时代。具体到语文教学、语文学习的问题上，我的看法也是这样。现在许多家庭已经有了一定的经济基础，本来可以好好改善一下孩子的学习环境，但一些家长担心孩子用电脑来玩游戏、担心孩子上一些不良网站，所以干脆不给家里买电脑，或者买了电脑也不给孩子用。这种因噎废食的做法我很反对。我认为：只要引导得当，电脑和网络的使用就无疑是给学生的语文学习插上了一双高飞的翅膀！

一、用新鲜有趣的课件引导学生，激发他们的语文学习兴趣

现在用电脑制作课件来进行教学已经不是什么新鲜事了，而且这的确已经成为一种大趋势。现在的公开课、教学竞赛课甚至早有不成文的规矩：不用电脑课件的根本不让参加。为什么我们沿用了几千年的传统教学

手段，在没几年的时间里就好像“土崩瓦解”了一样呢？很显然，相比传统的教学手段，在形象性、生动性、直观性、新颖性、学生的参与程度、知识容量等方面，电脑课件有着前者难以比拟的优越性。而恰当使用电脑课件，无疑会给我们的语文课堂带来革命性的变化。我们语文老师正好可以利用这一点，把学生的眼球吸引过来，把我们的语文课堂活跃起来，把学生的语文学习兴趣调动起来，从而真正提高课堂教学效果。

（一）配乐朗诵——给学生语文学习创造无比愉悦新鲜的学习氛围

以前我们上课要准备材料往往很费劲：不是材料难找，就是操作起来很难。现在我们完全可以利用电脑和网络资源轻松解决问题。

比如在学习《海燕》这一课时，我就选用网站上的一段音乐材料来配合我的朗读，上课时，学生们听得分外入神，他们似乎获得了一种从未有过的感受，和我一起进入诗的意境，如痴如醉。我想这大概是因为他们以前从来就不可能这么近的从老师身上获得这样一种感受，所以才会如此投入。课后就有学生好奇地问我：老师，你是从哪儿找来这么好的音乐，刚好配这首诗的？我就笑着告诉他们说：网上啊，只要会用那些搜索引擎，你就可以获得无穷无尽的知识和信息。那节课，我完全不必像以前那样担心这个同学分神、那个同学不听。事实上，我的配乐朗诵所营造的氛围的确帮我做了以前需要花很多的精力却不一定能达到目的的一些工作。

（二）情境化教学——拉近课文与学生的时空距离

我们现行的语文教材中，很多课文的内容比较深奥。有的反映的是古代的生活情景，有的反映的是外国的生活情景，有的反映的是成年人的生活情景，有的反映的是难以言说的内心活动，有的反映的是学生熟视无睹的生活细节，有的介绍的是天地宇宙日月星辰，有的介绍的是世界风光和高新科技知识等等，而我们的学生仅凭自己的阅历、生活经验和所掌握的知识来理解和接受这一切往往存在比较大的困难，因而他们常对语文学习产生厌倦情绪甚至隔膜，有的学生甚至因为有了这种隔膜从此就不喜欢语文、不学语文。如果我们制作相应的一些课件，情况就完全不一样了。

比如我在教曹操的《观沧海》这首诗时，就在网上找到了一组曹操登临碣石山前后的图片和一个朗读录音文件，制作成了课件。上课时我先把曹操当年的心路历程在地图上剖析展示给学生看，再让学生沉浸在雄浑而富有气势的朗读之中进入课文，然后结合诗的内容把登高看海的一组一组的情景化的图片搬上大屏幕让他们看、让他们说、让他们议甚至让他们笑，最后给出这一组组的画面让学生去联想诗的原文背诵。一节课下来我讲的并不多，但学生却学得津津有味，大多数学生还能够当堂把全诗完整地背下来。这在以前几乎是不可能的事情。我后来还把这节课完善了一下拿到市里参加比赛，效果也是出奇的好，还获得了东莞市二等奖。情境化，拉近了课文与学生的距离，把所谓“思接千载，视通万里”的“虚”变成学生眼前可以看到可以感受的“实”，学习难度降低了，有声、有色、有参与，学生又怎会不兴趣十足呢？

二、制作专题——引导学生学会审美、学会深入思考问题

法国雕塑家罗丹有一句名言：生活中不是缺少美，而是缺少发现。我想对于我们的一些学生来说，最缺的恐怕就是这种“发现”的能力了。还有，我们的学生因为阅历等方面的原因，考虑问题总是比较肤浅，不能深入。那么我们怎样才能更好地培养学生的这种发现能力和深入思考问题的能力呢？这方面，电脑和网络完全可以帮我们大忙。

举个例子来说，我们一直教育学生要诚信，可是你老那么说，学生都麻木了，到面对这个问题的时候，他还是我行我素的。有了电脑和网络的帮助，我就可以很轻松地制作一个专题：①我国古代哲人是怎么看待诚信这个问题的；②古代人讲诚信的故事；③为什么我们今天更要讲诚信；④现实生活中不讲诚信的情形（网上搜寻的事例和图片展示）；⑤动手大写“诚信”二字，宣誓做一个诚信的人。这么大的架构要是以前我只能想想而已，但有了电脑和网络，就简单多了，而且我还可以腾出许多时间引导学生从一幅幅最常见的画面中、从一个个最常见的事例中辨别美丑，让学生知道原来在平时不经意的一些做法中也有美与丑，原来美与丑就在我们的生活中，原来“诚信”两个字可以写出大文章。不只是在说，还要让他们看，让他们感受，让他们走进情境中去获得强烈的触动。这样反复地引导之后，学生的审美能力自然会逐渐得到提高，考虑问题也自然会逐渐深入。

比如我的一个学生就曾经在老师的引导下独立制作了一个关于马的专题，他先组织材料主要写马在古时候对人们生产、生活的影响以及马在当

时历史条件下的突出地位，接着他又引用材料说明马还是中国古代文人的重要表现对象，最后他还写到今天马已日渐退出历史舞台，汽车代替马让人们日行千里的愿望不再是梦等等内容。一个初二的学生能够这样从历史的、文化的、社会的等多个角度独立思考问题，这是很让我感到惊讶的。事实上，后来我的其他学生也分别利用电脑和网络制作出了比如中国的筷子文化，中秋、春节等节日文化以及母爱等许多优秀的专题。对他们来说，有了电脑和网络这个帮手，制作这样的专题已不再是什么难题了，因为他们知道网络是一个取之不尽的资源。学生们也多为自己能够制作出颇有“水准”的专题作品感到自豪。从另外一个方面来看，学生的自己动手搜集整理材料的能力也逐渐培养了出来。现行的新教材中每个单元都有综合性学习的内容，我想如果这些课都用这样的方式来上，学生也都通过这样的方式来学，那效果肯定是不一样的！

三、编写作文集——让学生都来过一下“出书瘾”

平时的作文我们都要求学生用作文本写。有的同学字写得差，所以一听说要写作文就头疼。加上每次老师总会在作文本上用红笔批：注意书写！所以到后来他们就感觉写作是受罪。一个人感受不到写作的乐趣，当然就会慢慢对写作感到厌倦了。有了电脑和网络就不一样了。书写不再成为问题，而且写成的文章还可以反复修改甚至可以进行装饰编辑，自己很满意的作品还可以发到相关的网站上与同龄人交流。这就大大改变了一些同学对写作的态度，如果再加上老师的引导和鼓励，学生就能够从写作中得到乐趣和肯定，他们的写作热情也就会日渐高涨起来。反过来，他们也会有意识地改进书写，从而全面提高写作能力。

我在每学期的放假前，一般都要布置一个任务：要求每个学生整理好本学期自己的优秀习作，并将其编辑打印出来，制作成一部作品集。在开学的时候，我就组织学生进行评比：看谁的集子更有质量；看谁的集子制作得好；看谁的集子名字取得好。于是《×××文集》出来了；《三思集》出来了；《小蜜蜂集》出来了；《沙子一粒文集》出来了……这些做法，大大激发了学生对写作、对语文学习的兴趣。

四、建立或利用网站组织节假日学习，为语文学习开辟更广阔的战场

现在的语文学习，如果抱定课本不放，那必然大大限制学生的主观能动性的发挥，而其结果也往往是：好的学生“吃不饱”，差的学生没兴趣学。按照新教材改革的思路，我们应该培养学生的大语文观，应该让学生从生活中去学语文，而不是仅仅从教材中学语文。这也就是说，我们完全可以开辟语文学习的新的战场。我想到的就是建立网站或者利用网站组织学生进行语文学习。我们可以利用学校网站或者其他一些语文学习的专门网站，组织学生定期进行辅导或者交流。对那些精通网络的同学，我们还可以安排他们做一些必要的网站维护工作；而对那些学习优异的同学，则可以安排他们定期解答同学的疑难。这方面的工作我还在探索中，我相信，引导得当的话，它一定会给学生的语文学习带来惊喜。这种学习方式在节假日尤其能发挥作用。

今天，我们许多语文老师都在抱怨学生不爱学语文。是的，今天的学生要面对的诱惑实在太多，我们想把学生从那么多的诱惑中拉回到语文学习中来，这是一个不小的困难，也是一个不小的挑战。但作为语文老师，这项工作又何尝不是我们的一种责任？多想办法，让学生对语文产生兴趣，我想这是我们应该做的。基于此，我在利用电脑和网络改进语文学习方面作了一些尝试，有了一点心得，就写了出来，想跟同行们交流一下，如有任何不妥，敬请不吝指正。

（此论文曾获2006年“语文报杯”全国初中语文教师教学论文大赛省级三等奖）

我教语文这些年

庸庸碌碌过来的教语文的这些年，值得写的东西实在不多。所以这些年我宁愿选择不想不说，更不去写。

这一次，机缘巧合拿到这样一个命题。我该静下心来想一想了。

15年了，回头看一看，认真梳理一下自己，或许也算是对自己这么多年工作的一个交代。

大学期间，我们曾经实习过近两个月。那近两个月的时间，我实打实地站在了讲台上，我的实习工作赢得了指导老师的好评，实习成绩几乎满分。当个实习老师就那么“出色”，那时的我曾经天真地想：一旦真正站上讲台，我一定可以很快成为一名出色的语文老师。我甚至在同学面前夸下海口：给我两年时间，我就可以成为一名优秀的语文老师！

直到我真的站上了茶山中学初三的讲台，我才发现自己是多么自不量力！

一站上讲台，我就发现，南方跟北方实在很不一样。那一次，当我带着满腔的激情用比较标准的普通话给我的学生范读《最后一次讲演》时，迎接我的不是掌声，而是一阵哄笑。我奇怪地问一个学生笑什么，学生竟然用白话回应我，那一刻我感觉到他们似乎是欺负我听不懂白话，故意气我的。我非常生气，心想：这些家伙，不但不配合，还想借机戏弄我，真是岂有此理！事后我才得知：他们是真的不会讲普通话！整个班除了我上课用普通话，其他老师全是用白话的。这让我心里一凉：难怪他们对我用普通话范读发出哄笑！

比这更糟的是，很多学生上课睡觉，你批评他，他会用白话直接骂你，甚至挑衅你找你打架。这是我无论如何也没有料想到的事情。我们实习的时候，再调皮的学生，我吼他两声，他立马紧张兮兮；那些屡教不改的，我有时敲他们一栗凿他们连声都不敢吱一下，哪有敢骂老师还要跟老师打架的？

有一天，我上下午第一节课。2:30分上课，学生很困，有一个学生睡到课桌上，口水都流出来了，我走过去摇醒他，没想到他站起来朝桌子上猛拍一巴掌，用白话向我吼道：别碰我！刚参加工作，我的脾气也很火爆，当场就跟学生拉扯起来，差一点弄到要打架，直到学校政教处出面才解决问题。

这让我感到很挫败，真的是水土不服啊！后来有一个女生在作文中告诉我说：老师，这些人都不打算读书的，你管他们，他们就与你为敌，你上课就很难了。我把这篇作文交给年级长袁暖桥老师看，袁也教语文，是一名老教师，他知道我的情况。他告诉我：这些问题，他可以帮我找学生谈，但是说到根本上，还是需要自己解决问题，要自己在学生中间建立威信。当时我还很有点不以为然，心想他是不是在推卸责任。

但经过几年的适应期之后，我终于认识到：他的那些平凡朴素的话真正帮助了我，也改变了我，改变了我的教学态度甚至教学生涯。

从那以后，我主动要求干班主任，希望多跟学生接触。那时候学校每年都有几次机会组织学生出去旅游。每当这个时候，我就会争取机会陪学生一起出去，跟他们一起玩、照相、聊天。我知道我不应该只要求学生适应我，我也要适应学生，亲近学生。

从不适应到慢慢能够建立起师生之间基本的互信，我大概花了三年的时间。我的教学也随之慢慢有了进步，教学成绩逐渐可以跟上学校的平均水平了。

可是这并不是我想要的全部。那个时候我就开始思考：难道我的教师生涯就为了教学生考试？

客观的说，那个时候还没有多少老师认真思考自己专业发展的问题，我其实也是仅仅意识到而已，也没有进行过清晰理性的思考。于是我开始订阅《中学语文教学》《中学语文园地》和《文学评论》等杂志，我想让自己在教学之外，专业素质能够得到更多的提高。

我们学校经过几年的艰难爬坡之后，教学成绩终于有了大幅提高。1999—2000学年，我们的中考成绩已经跃居全市镇级中学前15名，语文也实现了历史性突破，超市平均分两分多；我所教的两个普通班（全年级挑出两个实验班后平行班）中，有一个超了市平均分。对我们来说，这是一个很了不起的成绩。

我们是一所完全中学。看到我在教育教学上慢慢可以独当一面，2001年9月学校决定让我担任高二（1）班的班主任，并且担任高二两个班的语文课。这是对我的一次重大考验。

那年的高二（1）班是个全校没有一个老师愿意接手的班。班风不好，顶撞老师成风，个别学生已经到了所谓“无法无天”的地步，经常召集同学签名要“炒掉”×××老师。学校非常头疼，班主任搞不定的时候，经常弄到要校长亲自出马平息风波。

第一节课，我不像往常那样开班会讲纪律一二三四五。我给他们读了一篇文章，这篇文章不是课本上的，而是《青年博览》杂志上的，它的题目叫《种出你的土豆》。开始的时候，很多学生还很不屑：我猜他们大概认为我原来是教初中的，没水平，应该在他们所经常联名要“炒掉”的老师之列。待我读完，教室里变得异常安静。读完故事，我丢开杂志，要求他们从自己的角度来解读安瑞·帕尔曼切种出自己土豆的原因。

开始的时候，没有人敢发言。我就开始激他们了：你们不是经常投诉这个老师没水平，那个老师教不了你们吗？你看看你们，连自己的意见都不敢表达，还不从自己的方面找找原因，行吗？

同学们开始议论了，慢慢有人敢发言了。有的说：安瑞·帕尔曼切有理想，才种出了自己的“土豆”；有的说：安瑞·帕尔曼切肯动脑筋，才种出了自己的“土豆”；有的说：安瑞·帕尔曼切善于利用人性的弱点，才种出了自己的“土豆”；有的说：安瑞·帕尔曼切善于利用资源（国王的支持）才种出了自己的“土豆”。

我肯定了这些同学的表现，然后说：大家的分析都是建立在对文本的理解分析上的，都有依据，也都很有道理。我倒是有一个跟大家不同的理解，不知大家想不想听一听？大家说想。我就问大家：安瑞·帕尔曼切面对全国的人都不能接受种植土豆的现实时，他有没有抱怨？大家说没有。我又问：假如他一直就这样抱怨法国人无知、顽固、没有见识，他可不可能取得最后的成功？大家说不可能。我说为什么呢？大家说一直抱怨就分散精力，消磨了自己的斗志。

好了，火候到了。我趁机对大家说：大家回过头来看看自己，看看自己过去的一年都做了些什么？你们有心目中的土豆吗？你们能种出自己的土豆吗？

全班寂静无声。

原本有些同学正等着看老师出洋相呢，没想到我不上课文，不要教参，侃侃而谈，处处切准他们的问题。这一节课，我给他们带去了一些心灵的震撼，效果完全超出了我的预想。

一年以后，我的班成为了全校文明班，我也被评为学校优秀班主任，我所带的高二语文首次超市平均分。

那节课也成为这么多年来自己印象最深的一节课。有时候我想，或许那样的语文课才是自己应该毕生追求的：不为分数教书，不为考试教书。那节课也告诉我，仅仅做一个教书匠，并不能够赢得学生的尊重，我们需要不断地提升自己。

可惜，学校的事情、教育的事情，永远由不得我想。2002年8月，正在我信心百倍地准备带领我的班级上高三的时候，学校一纸命令把我调到初三，没有解释，只有服从。

虽然那一年我们的成绩超过了市平均分，可是我的内心并没有因此感到高兴。为考试而教书，我感到很沉重，我已经失去了自己。

最近听了一个陈萍老师的讲座，我觉得陈萍老师有一句话非常契合我一直以来的一个想法：我们老师为什么要做蜡烛流着泪去奉献自己的一生，我们为什么不可以在照亮别人的同时也收获自己的成功？

带着磨砺自己的冲动，我参加了东莞市初中语文教师阅读教学竞赛。虽然最后没能晋级参加省里的比赛，但那一次两场公开课对我的锻炼是巨大的。特别是在莞城三中（今可园中学）的决赛，那是我第一次站到了市级比赛的讲台，跟很多大名鼎鼎的老师同台竞技，那种经历一直激励着我不断探索。

从那时起，我的教学成绩已经可以在所在级部遥遥领先了。那一年初一期末考试，我担任班主任的103班，有15人跻身全级前50名，名额占全级近三分之一，老师们笑称我把普通班带成了重点班。

鉴于我的教学成绩，2004—2005年，学校让我担任了一个初二实验班的教学任务。我接受了任务。这个班学生素质好，很多学生都是我初一时带过的，他们非常适应我的教学。优势在不经意中慢慢建立起来，到这一届初二期末考试时，全班语文平均分达到86分（100分制），更重要的是，学生对语文的兴趣大大提高，每个学生都已经养成自觉写作的习惯，他们每个人都有自己的习作集。

本来我想，那一届学生可以作为我的代表作，完美地奉献给学校，出乎意料的是，学校在没有与我沟通的情况下，突然宣布我不能继续带那个班，这对我来说，无疑是一次莫大的伤害。

2006年，我感到自己应该出去呼吸一下新鲜空气。于是毅然报名参加了教育硕士全国统一考试。读研，曾经是我的一个梦，现在正好给了我这么一个机会，能给自己充充电，去实现那个曾经的梦。2007年，我以196分的高分被西南大学录取，从此开始了三年的教育硕士学习之旅。

这三年给了我很多思考和启迪。重新走进曾经熟悉的学生生活，完全换了一种身份之后，聆听那些博导老师们的教诲，我感觉一切比当年都更美好。读大学的时候，有时候不想听课，我就借同学的笔记来抄来应付考试。而这三年，我生怕缺了一节课，生怕听漏了一个内容，教室里几十个人再也没有当年的吵吵嚷嚷，有的只是静静的聆听，热烈的讨论。

也许理论的浸淫需要时间来发酵，但我想有些东西恐怕早已渗进我的血液和骨髓，正在并将继续改变我，改变我的人生。

更重要的是，我终于找到了一个方向：照亮别人的同时，也可以收获自己的成功。

2008年，带着学校的使命，我申报了市级课题《初中作文分层异步教学的实施研究》，开始尝试承担教育科研任务。通过近两年时间的努力，我比较出色的完成了课题任务，同时也为学校的语文学科的发展作出了一些有益的探索。我的语文教学之路又走宽了一步。

现在，我又有幸进入黄宏伟名师工作室，有机会贴身向全市初中语文界的精英们请教，我又获得了一次千载难逢的做学生的机会。我一定好好珍惜这个机会。我相信：通过贴身请教，在专业发展的道路上，我一定可以再往前跨上一大步。

2010年8月

一路风景一路情

自从进入黄宏伟名师工作室跟岗学习以来，黄老师的一路提携、诸位导师的热情指导、各位学员朋友的鼎力相助、教研活动的丰富多彩，让我真切领略到了跟岗学习一路上的风景，让我真切感受到了这一路上的情谊。

让时光倒回到黄宏伟名师工作室成立的那一刻。当黄老师面向全市初中语文招募跟岗学员的通知一发出，我就第一时间报名了。此前我与黄老师接触不多，却对他仰慕已久。在我主持的课题结题报告会上，他的点评曾深深吸引了我。他不是就事论事地敷衍而过，而是旁征博引讲到国内分层教学的几种基本模式和研究现状，又充分肯定了我们的探索精神。那种从容，那种对待教学的严谨态度，令我肃然起敬。从那时起，心里面就认定他就是我毕生努力的方向。待报名表交上之后，我心里就一直在犯嘀咕：黄老师会要我吗？直到当年的六月份黄老师公布了第一批跟岗学员名单，我才如释重负。

事实证明，我的这次选择是多么明智！黄老师就是这样一位可以终生为师的人。两年来，黄老师带领一群志同道合的指导老师、跟岗学习的朋友给我指点迷津，让我大开了眼界。

一进入工作室，黄老师就为我们开列了一些参考书目，让我得以见识朱永新、王荣生、王尚文、孙绍振、邓友超、曹明海等当代教育专家及其著作，也让我重新认识了余漪、李镇西、魏书生、余映潮等语文名家。2011年10月27日，黄老师又组织我们工作室成员赴深圳学习考察。在深圳罗湖外国语学校，我见识了广东语文名师张宏老师对《老王》的精彩演绎；在深圳翠园中学，我又聆听了气场强大的杨特老师的讲座，近距离地领略了一次广东语文特级教师的大家风范。

在整个跟岗学习过程中，黄老师还不断联合教研室邀请各路名家为我们进行讲座，有时还亲自上阵。阮美好老师关于语文课堂效率的讲座严谨专业、深入精细；王荣生教授关于语文专业的重新认识的讲座高屋建瓴，让人茅塞顿开；余映潮老师关于当前高效课堂的讲座切中时弊，对我们触动很大；邹峰老师关于文言文教学和复习的讲座细致实用；黄老师自己关于作文教学的讲座针对性强、朴实新颖。一系列的讲座让我们的思想不断接受新的观念冲击，进而不断产生继续前进的动力。

讲座之外，工作室还源源不断地推出公开课，为我们创造进步提高的学习平台。我们就在这样一个平台上不断找机会磨砺自己。

2011年11月底，工作室推我在万江三中上《风筝》公开课。异地上课，我这是第三次。对我来说，其实并不陌生。但这次不是比赛，是展示。展示课怎么上？我的想法就是一定要上出新意。为此，我在教学设计环节做了不少努力。但那节课我上得不算太成功，问题出在哪儿？黄老师、工作室指导老师和跟岗学习的朋友对这节课进行了“联合会诊”，让我再次明确了两个重要的概念：一个是“课堂定位”，一个是“备学生”。这让我深刻领会到黄老师所要求的“有所讲，有所不讲”对一堂课的重要性。

组织每一次的讲课、听课、评课，黄老师都格外认真，有时甚至是“锱铢必较”。这种较真的态度，也渐次传递到我们每一个学员身上，让我们也学会了抛开杂念、心无旁骛地探讨问题。通过不断地去伪存真、去粗取精、去虚求实，我们得到了很好的驾驭课堂能力的训练。

除此之外，黄老师还通过参加《东莞时报》举办的教育沙龙、办工作室刊物《同行》等形式给我们搭建与社会交流的平台，带领我们广泛参与东莞教育发展，让我们的声音、教育的声音传遍东莞大地。

如今，工作室的跟岗学员，无论在教学还是教研方面，都取得了一定的进步，都已经在各自学校挑起了大梁，我本人在教学教研方面也算是小有进步。2011年，教学论文《走出效率误区，呼唤个性语文》获得市二等奖，2012年又有幸获评茶山镇“十佳教学能手”。可以说，我的每一步成长，都跟黄老师和工作室指导老师的悉心指导以及跟岗学员朋友之间的相互砥砺分不开。

专业发展之外，黄老师谦卑平和、热爱生活的处世态度和幽默风趣、恬淡细腻的个性魅力也深深感染着我们。我甚至感到工作室的每一位成员身上都已经深深打上了黄老师的烙印，平时大家聚在一起总是平和友善、幽默风趣、谈笑风生、非常亲切。

2011年春天，黄老师带着我们工作室一行十多个人，行走在南昆山的竹海深处，时光仿佛一下子回转了十几二十年。看那些倒下来横在路上的竹子不顺眼，我们一行像小孩子一样使劲地尽情“破坏”；看到那些过了成熟季节却因为不值钱而无人采摘的橘子，我们欢呼雀跃，纷纷爬上树去采摘；看到山涧间流出一泓清泉，我们浣女般躬身濯足洗面；看到农家小院栽种的药材，我们饶有兴致地讨论“家生”还是“野生”的问题。我们在最最淳朴的山间、在淙淙的小溪旁流连，女同胞们还兴致盎然地摆出各种造型，不忘留下倩影。

晚上，在农家的小屋里，我们喝着主人的家酯、吃着主人家自种的菜，幸福得像过年一样。可能是酒精的作用，当晚我一倒床就睡着了，因为怕鼾声侵扰到我，那一夜，和我同屋的黄老师竟然一夜未睡！

受黄老师的影响，工作室的师友全都那么友善，这我是有亲身感受的。那次我们到万江三中讲课，那天我们一共有四个人上课，光要印制的资料就有几百份。要在很短的时间内印制装订这数百份的资料，想想都不是件简单的事情，况且又是准备材料，又是接待，陈锦辉老师那天一定忙得够呛。其实每一次举行公开课我们几乎都是这样，很多人在幕后做着一些默默无闻的工作，但从来没有人抱怨过，这就是黄老师给这个团队注入的一种精神文化。大家就是在这样一种氛围中增进了互相了解，培养了深厚的情谊。

一路上领略着这无边的风景，收获着满满的情谊，这样的跟岗学习，让我充满感激和敬意，也更加坚定了做一个永远追求进步的语文人的决心。

2012年5月

漫步语文

跟黄老师，做一名幸福专业的语文人

记得我们那一期是2010年10月开始招募跟岗学员的，当时我刚刚读完教育硕士，看到黄老师招学员，立刻就报了名，黄老师也很快招录了我，至今想起来还特别感动。

两年期间，我完成了一次市级课题的科研任务，该课题后来获得市科研成果一等奖和省创新成果三等奖；另外，还有一篇论文获得市二等奖，2012年还获得了高级职称。专业方面算是小有收获。从2011开始，我逐步走上学校的管理岗位，开始帮助和带领学校一步步走出低谷。

事实证明，进黄老师工作室，是我人生最正确的选择之一。两年的跟岗学习，也对我的专业成长和个人发展起到了至关重要的作用。

回顾那两年，我有如下一些体会。

一、让我领悟到人生第一重要的事情是做人

老实说，在入班之前，我其实一直是一个“愤青”。“愤青”到什么程度呢？我曾经一直在人民网的“强国论坛”上吐槽发帖子，一个暑假发三四十篇，专挑一些热门的话题和现象跟人讨论甚至辩论。看不惯学校的镇里的一些事情，我也是直接跟学校领导、跟镇里领导硬扛。那时候，学校有人推荐让我当备课组长，结果是不给当。现在回想起来，那会儿做人真是失败啊！

跟黄老师和他的团队学习，除了专业方面的提高，我觉得最大的收获是学习到了做人。进工作室以后，我被这个团队的氛围深深感染到了。一方面，黄老师的乐观、和善、谦虚、替他人着想，在无形中影响着团队中

的每一个人。跟着他，你的思想会在不知不觉中净化，你会变得阳光、温暖、极富正能量。另一方面，团队里面的指导老师和跟岗学员也都一样热情友好、真诚谦逊。你看到的永远是王春平老师、刘秀谦老师友善亲切的笑容，是大家相聚时亲如家人的和谐场景；你听到的永远是罗光信老师、邹峰老师、曾庆忠老师等平和鼓励的点评。

在这样的氛围中，我知道自己应该好好调整了。我主动把工作室活动的拍照任务“承包”了，尽可能地争取工作室的一些事情来做。临近结业时，黄老师让我把两年跟岗的照片整理成一个相册。考虑到两年的照片是一份难得的宝贵资料，我甚至自学了修图软件，硬是把那些照片设计制作成了一部比较精美的画册，出色地完成了黄老师交办的任务。

跟岗以至结业以后，可能跟年纪也有关系，我改变了很多，再也不是“愤青”了，也很少抱怨了。取而代之的是积极地面对生活、面对困难。我的人际关系和工作环境日益改善，后面的发展也越来越顺利了。

二、跟大师学做人学做专业

平时，我们经常称黄老师为“黄大师”。我想这里边有两层意思：一是黄老师的为人得到了大家的公认；二是黄老师在专业方面对大家产生的重要影响。

进黄老师工作室，就是要跟黄老师和他的团队学做幸福的人，就是要跟黄老师和他的团队学做专业的语文教师。

在我眼中，黄老师是参透了生命本质，大彻大悟的人。他崇尚幸福的生命哲学，所以时时处处都能展现友善乐观的一面，以至于朋友遍天下，人缘特别好。

两年跟岗期间，我们跟着黄老师送课，几乎走遍了半个东莞，从诗歌教学到中考复习备考，我们既得到了很多教学上的学习历练机会，也实实在在从高手对垒中看到了自身专业上的不足。工作室为提高学员的理论素养，还购买了一些专业书籍指定我们阅读，提升我们的理论素养。为让我们到更高级的平台增长见识，黄老师还安排我们到深圳学习取经。两年跟岗，我们写论文、写心得体会，进行作品解读，出《同行》期刊，专业方面是真真正正得到了全方位的锤炼和提升，这些都是任何一次短期培训所不能比拟的。

三、师傅领进门，修行在个人

最近读了周国平先生的一本书，叫《灵魂只能独行》。书中说：灵魂之所以只能独行，是因为每一个人只有自己寻找，才能找到他的上帝。法国哲学家帕斯卡尔也说：人是一个被废黜的国王。我们每个人都是自己的国王，我们的一生其实都是在为恢复失去的王位而奋斗。

所以我想，我们每个人如果真想要在专业方面有所发展，那么一定要有专业自觉，要知道自己究竟想要什么。

专业自觉之外，还需要有专业态度。什么是专业态度？我想就是对专业心怀敬畏，认真以对。语文人，需要用语文的专业精神要求自己，决不可轻薄。平时看到一些语文同事，从不练字、从不写文章，课本教参之外从不看书，这就是对自己的职业、对自己的专业缺少敬畏之心，就是缺少专业态度。有这样的态度，当然不能指望自己会有好的专业发展。

好风凭借力，送我上青云。要实现专业成长，还需要借助一些品位较高的平台。像省市级的名师工作室、学科带头人、教学能手平台，像镇级和学校的优秀教学团队、教研组、课题组平台等等，都是应该去努力争取的专业发展平台。很多人，就是因为缺少平台支撑，靠个人力量摸索，走得格外辛苦又收效甚微。我教书的第一个十年大概就是这样的情形。

总之就是一句话：师傅领进门，修行在个人。如果没有专业的态度，专业成长就只能是一句空话。

2019年3月

细节彰显精神

黄宏伟老师精心策划和组织的这次赴深圳学习考察活动，让我们见识到了深圳名师的风采和深圳教师敬业创业的精神。百闻不如一见，学习归来，我们感慨良多，收获良多。

罗湖外语学校张宏老师上的《老王》一课，有几个细节给我们留下了深刻印象。

介绍作者杨绛。一般的演绎就是介绍杨绛的生平、著作，为活跃气氛顶多就设计个“杨绛是谁”的环节，然后借“钱钟书”的名气，大肆渲染一番。张宏老师也介绍作者，可是她并不这样介绍杨绛。她是怎么介绍的呢？

她问学生知不知道杨绛这个人。学生答：知道，她是钱钟书的老婆。老师会心一笑问学生道：能不能这样称呼？学生意识到不对，赶紧纠正。老师于是趁机点拨：为什么人们要把杨绛称为“先生”？学生议论纷纷，最后大家统一意见：因为杨绛是老师，在古代为表达对老师的敬重，一般把老师称为“先生”，沿用下来，所以称杨绛为先生。接着，结合杨绛先生的长寿，老师再次引出话题：为什么文人一般容易长寿？学生又议论纷纷，最后大家达成一致意见：因为一般文人比较淡泊名利、豁达开朗，即使心中有郁结也容易找到出口，通过文字去把不良情绪发泄出来，心理比较健康，所以容易长寿。

看看，依我们平日所见，这都走调走到哪儿去了！可是往深里一想：这才是语文课啊，这才是“有语文味儿”的语文课啊！一直紧紧抓住学生的思维兴奋点，一直在引导学生积极思考问题，一直在激发学生的求知欲。在这里，你感觉不到教参式的解读和讲解，你只感受到自己一直在一种浓浓的书卷气息当中美美地呼吸。

讲到一个成语“病入膏肓”。要是一般的老师，最多也就是提问解释一下这个成语意思，顶多讲一讲这个成语的来历。张宏老师可不这么做，她先让学生上黑板写，再让学生上黑板改错，最后还要学生各自讲“为什么会错”和“为什么要这样改”，让学生知其然还要知其所以然。想想自己平时的教学，我们什么时候这么着力地教过学生掌握词语？我们的目光似乎总是那么高远，总以为学生“应该会”，可是事实上，一检查就发现：好多东西其实学生根本就没有掌握。什么时候我们也能像张宏老师这样准确的认识自己的学生甚至认识我们自己呢？

还有张宏老师拿在手上的那本教材，我反复观察过好几遍。开学才一个多月，那本书已经显得有些残旧了。封底下边靠外的一角，已经卷曲，里面的很多页也是向外翻卷着的。我在想：就张宏老师的资历、能力和水平，把一本教材翻成那样，至于吗？事实上我大错特错了。张宏老师的课之所以可以上到如此出神入化的程度，就因为她把教材研究得更深更透！看看我们的语文教学的现状吧，不客气地说，现在我们不少人研究教参的时间比研究教材的时间还多。如果我们把精力都放在研究教参上，而把研究教材、研究课本这个根本给忽视了，我们又如何能教出好课呢？

在翠园中学东晓校区，我们同样受益匪浅。我们先听了杨特老师的一场很有境界的讲座，醍醐灌顶，明白了很多东西。印象最深刻的还是东晓的初三级长，年龄应该还不到四十岁，头发几乎全白，他也不染发！而且整个经验介绍过程中，一点都不回避应试话题还旗帜鲜明地表明态度就是要搞应试！这些都需要勇气，一种直面现实的勇气！在目前的教育界，能够直面现实又不搞明暗两套手法的学校还真不多！听他的介绍，我不单被他的勤奋、细致感动，更是被一种勇气和精神感动！在他的心目中，似乎永远没有抱怨，只有办法。反躬自问：我能做到吗？

仅从这样的一些细节，我就已经领略到了深圳特区教育工作者那种敢为人先、求真务实的拓荒牛精神。暑假期间，刚刚看了黄宏伟老师介绍的《精神的雕像——西南联大纪实》一书，了解到了当年的西南联大人拓荒创业的艰辛历程，已经深为震撼。现在，另一群拓荒创业人在祖国改革开放最前沿的深圳特区继续开创着他们崭新的教育事业，同样生活在改革开放前沿地带的我们，怎能无动于衷？

也许，这种精神的触动就是我此次赴深圳学习考察的最大收获吧！

2011年11月

第二篇

术业之思

- 课题研究
- 专题研究
- 教育观察
- 教育时评
- 名篇解读
- 教学案例
- 教学设计

初中作文分层异步教学的实施研究

一、问题的提出

（一）新课程改革形势激发探索热情

2001年开始，新课程改革在全国全面铺开，语文教学改革也随即全面推进，这场改革无论是对语文老师、对学生还是对整个语文教学都产生了深远影响。

《语文新课程标准（实验稿）》中提出：语文教育应该而且能够为造就现代社会所需的一代新人发挥重要作用。面对社会发展的需要，语文教育必须在课程目标和内容、教学观念和学习方式、评价目的和方法等方面进行系统的改革。

《语文新课程标准（实验稿）》还对七至九年级的写作提出了如下一些要求：

“写作要感情真挚，力求表达自己对自然、社会、人生的独特感受和真切体验。”

“多角度地观察生活，发现生活的丰富多彩，捕捉事物的特征，力求有创意地表达。”

语文新课程改革的形势以及它对初中作文教学提出的新要求，激发了我们的探索热情，促使我们对作文教学方面，有了比较多的思考，我们认为自己应该在这个领域有所追求和探索。

（二）教学实践中产生困惑

长期在教学一线的经历让我们常常为作文教学而困惑：一方面，我们的语文教材系列根本没有配套的系统作文指导教材，在指导学生的时候，我们总感到心里多多少少存在一些方法上的困惑；另一方面，作文又在学生的语文学习中几乎占据着半壁江山，其重要性不言而喻，我们又随意不得。这两方面纠结在一起，让我们语文老师着实感到困惑。

更让我们困惑的还是学生的实际情况。一个不容回避的问题是：同级同班学生的学业水平、能力大小并不完全一样，而是存在着极为明显的个体差异。我们都知道义务教育是一种年限教育，小学生免试进入初中，没有留级，也不允许分快慢班，因此学生成绩的一个基本情况就是参差不齐。这在作文方面表现得更为明显：好的学生语言流利，基本能自如地表达自己的意思，写出来的作文思路清晰，结构合理，基本没有错别字；差的学生甚至连自己的名字都写不好，基本不能动笔，动笔不是错别字，就是语句不通，甚至让人根本不知道他所写的究竟是什么字。

怎么办？我们的一贯做法是统一指导，就是指导、批改、讲评“一刀切”，不论好生差生，同一个标准、同一个要求、同一个进度，这种传统的“一刀切”“齐步走”的作文教学方法根本无法顾及到学生作文能力和水平的差异性和动态性，无法照顾到全体学生，差的学生往往最后只能流失、推向社会。这样教学的后果就是作文教学高耗低效甚至有些不负责任，老师学生都喊累。我们迫切需要一种有差别的教学方式。

（三）我们的研究兴趣

多年的中学语文教学实践，让我们逐渐对中学语文教学产生了一些研究兴趣，尤其是初中作文教学。对于长期困扰自己和广大初中语文教师的问题，我们投入了很多的观察和思考，也深入地学习和研究了前人在这些领域的一些理论成果如分层教学、作文分层递进教学、异步教学论、成功教育理论等。在认真学习和研究前人这些理论成果的基础上，我们把目光又投向了一直关注的初中作文教学方面，小有心得，积累起来，终于找到了初中作文分层异步教学的实验研究这样一个研究的突破口。

二、初中作文实施分层异步教学的现实意义

（一）初中作文教学的现状

为摸清初中作文教学的底细，我们编制了两份调查问卷对我校初中学生和语文教师进行了调查。现就问卷调查情况作如下说明。

1.学生问卷调查结果

此次调查我共随机派发学生问卷353份，共收回353份，回收率100%，其中有效答卷349份，有效率98.9%。各年级具体情况如下：7年级共派发问卷153份，收回153份，其中有效答卷151份；8年级共派发问卷91份，收回91份，其中有效答卷90份；9年级共派发问卷109份，收回109份，其中有效答卷108份。

从这次的调查统计情况来看，我们学生的作文学习和我们的作文教学存在如下一些特点。

（1）情感态度和价值观方面

不喜欢写作和不知道自己喜欢不喜欢写作的学生达到了65.3%。不喜欢和不知道自己喜欢不喜欢上作文课的学生达到了46.2%。对自己目前写作水平和写作能力不满意的学生达到了74.2%。有7%左右的学生不完成。如果老师改进教学方式，有81.7%的学生愿意改进写作态度。有43%的学生对作文取得成效缺乏耐心或者没有思考过。对提高写作能力有51.4%的学生明显缺乏信心。对初中生写好作文的要求，有31.5%的学生认为要求太高没有必要或者认为无所谓。有近50%的学生认为写作能力与人一生的发展没有关系或者关系不大或者不知道。

（2）过程与方法方面

45.6%的学生是在老师引导后再动笔作文。只有7.4%的学生一般是自主完成的。72.5%的学生只是完成老师布置的作文，写日记或博客的学生只有31.2%。近40%的学生不知道通过买书看来提高写作能力。67%的学生不会或者不知道在老师不作要求的情况下练习写作。84.8%的学生认为自己写作有困难。43%的学生对老师批改后的作文只看分数和评语或者根本不看。只有26%的学生会进行修改。对于遇到的最大写作困难，16%的学生认为没什么可写；46.1%的学生认为不知从何写起。71.6%的学生希望作文前老师给予指导，或帮助审题或先提供材料启发或读同类作文。65%的学生认为对全班不同程度的学生分层次进行指导会比较有效率有效果。47.6%的学生认为写作能力提高主要得益于课外读书，而认为得益于写作课和勤于联系的分别只有28.9%和19.5%。

（3）知识与技能方面

68.5%的学生认为自己的写作知识很少或者一点也不具备。有31.2%的学生在没有老师帮助的情况下审题有很大的困难或者不能审题。有26.4%的学生在平时的考试中想到什么写什么或者不写。

2.教师问卷调查结果

我校初中语文教师共24名。此次我们课题组共随机派发教师问卷15份，派发份数占全部初中语文教师总数的62.5%，共收回15份，回收率100%，其中有效答卷14份，有效率93.3%。

调查的情况如下。

（1）有85.7%的语文老师对作文教学工作不满意。

（2）78.6%的语文老师认为目前制约学生写作能力提高的最主要因素是学生自己；有14.3%的老师认为是社会风气；有7.1%的老师认为是老师本身。

（3）71.4%的老师认为学生作文困难的原因从学生的方面看主要问题是学生从思想上不重视，不愿下功夫写作文；有28.6%的老师认为是学生生活单调，没东西写；也有7.1%的老师认为是学生基础不好，没信心写。

（4）78.6%的老师作文教学的时数只占整个语文教学时数的五分之一或以下。

（5）90%的语文老师的作文教学形式是课堂讲、课堂练或者课后练，先练后讲的只占7.1%。

（6）85.7%的老师兼用大作文、随笔日记、小作文、片段作文等不同形式训练学生写作。也有14.3%的老师只有大作文训练。

（7）对自己目前作文教学的评价，认为有效和没效的老师各占35.7%，有21.4%的老师没有关心这个问题。

（8）布置学生的作文训练量在15000字到17000字及以下的各占42.9%。只有7.1%的老师布置的训练量在17000字以上。

（9）64.3%的老师认为目前学生的写作训练量非常不够；35.7%的老师认为目前的训练量差不多。

（10）57.1%的老师会运用全批全改、抽样批改和学生互改等形式批改学生作文，也有42.9%的老师是全批全改。

（11）50%的老师批改的策略是小部分精批细改；35.7%的老师是大部分精批细改；也有7.1%的老师是每篇精批细改。

（12）78.6%的老师批改一篇作文的时间在3到10分钟，有14.3%的老师批改一篇作文的时间在10分钟以上。

（13）64.3%的老师认为目前批改作文的工作量太重；35.7%的老师认为一般。

（14）认为自己目前的批改形式有效和没效的老师各占35.7%，另有28.6%的老师不知道效果如何。

（15）71.4%的老师认为老师作文教学的改进空间取决于整个教育的大环境，也有28.6%的老师认为有很大的改进空间。

3.问卷调查的几个基本结论

（1）学生在写作的情感态度和价值观方面存在着较为突出的问题。学生在写作思想认识上的模糊甚至错误直接导致了学生对写作情感疏离、态度摇摆、没有耐心、缺乏信心。

（2）学生的自主学习作文的能力很差，没有养成良好的写作习惯，同时在写作方面还有相当大的方法困惑。学生对老师改进作文教学很有期待。

（3）学生的写作能力不能有效提高也跟他们在写作的知识与技能方面存在相当的欠缺有重大关系。非不为也，是不能也。

（4）男生、女生在情感态度和价值观方面、在过程与方法方面、在知识与技能方面的发展程度和水平是非常不一样的，而且在不同阶段他们也会表现出非常不一样的发展状态。这也是值得我们认真关注的问题。

（5）绝大多数语文老师对自己的作文教学不满意，而且大家都有改进的迫切愿望和要求。

（6）教师问卷也从另一侧面印证了学生问卷反映的问题：学生思想上不重视或者存在一些错误认识是导致写作困难的重要原因。

（7）从教师角度看，作文教学方法单一、方式死板、训练指导不到位等情况可能也是导致学生对写作产生厌倦情绪的重要原因。

（8）大多数教师认为社会大环境包括学校环境的改善可能是扭转目前学生不重视作文倾向的关键。大家都认识到系统性问题还得系统性治理。

（二）初中作文实施分层异步教学的意义

根据上述调查资料和基本结论，我们不能不说我们现在的初中作文教学存在着相当多的需要改进的地方，当然有些方面单靠作文课堂是解决不了问题的，但是仅从初中作文课堂教学的角度来看，如果我们能尊重学生的差别，对他们实施分层异步教学的话，情况可能就会大不一样。

1.对学生的意义

从调查中，我们不难发现：学生在能力、情感态度诸方面是存在非常巨大的差异的，忽视这个差异，对他们“一刀切”，要他们齐步走，其结果只能是事与愿违。对那些优秀的学生来讲，课堂显然成为了一种束缚，他们动弹不得，只能跟着大伙空耗时间。而对那些中下层的学生来说，上课就是受罪，因为他们无论如何努力，都达不到老师的要求，于是就选择逃避，或睡觉或搞其他甚至在课堂搞乱取乐。

事实上，从调查中我们也了解到：如果老师改进教学方式，有81.7%的学生愿意改进写作态度。如果我们重视学生的这些声音，很多学生的学习态度或许可以转变过来，从而实现学习的转变。而如果我们不理会学生的这些迫切的要求，很多学生可能就此沉沦下去，这对我们作文教学乃至整个教育来说，那真是一个莫大的悲哀。

所以，把学生按照其综合能力的差异进行分层，对其实施异步教学，我们觉得至少有以下几个方面的意义。

（1）把写作能力优异的学生从慢节奏的低效率的课堂中解放出来。不必让他们一定要跟着大伙“齐步走”，不必让他们把宝贵的时间放在“等”上面，可以让他们不停地往前“奔跑”。

（2）可以充分照顾到每一个学生，可以让教学真正面对全体学生、面对每一个学生写作的实际。

（3）可以逐渐提高中下层学生对写作的信心。许多学生写作不自信是因为他总是被迫跟最优秀的学生比，他写出来的东西总是得不到别人的承认，他写作的安全感失去了，久而久之，他只能放弃了。如果我们给他一定的空间，让他有足够的写作的安全感，让他不要总是跟最强的对手比，那么他对写作的信心一定会慢慢地恢复，甚至逐渐增强。

（4）能提高学生写作的自主性。通过教师的引导，各层次学生会逐渐增强写作的信心，提高写作的兴趣，逐渐走上自主写作的道路。

2.对语文教师的意义

从调查中，我们其实也不难看出，我们很多语文教师对目前的初中作文教学现状也是很不满意的。究其原因，我们认为以下两点应该是最突出的。

（1）没有成就感。我们语文教师与其他学科教师一样，都希望自己所教的学科能如自己所愿，取得好的成绩，有好的效益，希望自己所教的科目受学生欢迎。但在目前，这些目标常常很难实现，而且常常让人觉得是劳而无功，所以觉得教语文，尤其是教初中作文特别没有成就感。

（2）教学能力得不到提高。目前的作文教学，基本上还停留在教师统一指导学生写，学生写完教师统一批改的阶段。长此以往，语文教师也会变得麻木起来，反正大家都这样磨。长此下去，教学能力非但得不到提高，还会随着年龄增长而退化。

那么，如果对初中作文实施分层异步教学，情况就可能不一样了。

第一，能极大地增强语文教师的成就感。优秀的学生自主学习的能力会逐步提高，冒尖的学生可能会越来越多；而学习困难的学生通过老师的悉心指导，成绩也会逐渐提高，语文教师的成就感会越来越强。

第二，能迅速有效地提高语文教师的教学能力。因为是新鲜事物，还有很多需要探索的地方，而且一旦我们的教学面向一个个活生生的个体的时候，需要我们投入思考和努力的地方实在多不可数。而长期的面对不同的新鲜的问题，我们解决问题的能力也就会“水涨船高”了，教学能力当然不可能不提高。

3.对语文新课程改革的意义

《语文新课程标准 <实施建议>》的“教学建议”部分有这样的两条表述：

第一条：充分发挥师生双方在教学中的主动性和创造性。

语文教学应在师生平等对话的过程中进行。

学生是语文学习的主人，语文教学应激发学生的学习兴趣，注重培养学生自主学习的意识和习惯，为学生创设良好的自主学习情境，尊重学生的个体差异，鼓励学生选择适合自己的学习方式。

教师是学习活动的引导者和组织者。教师应转变观念，更新知识，不断提高自身的综合素养。应创造性地理解和使用教材，积极开发课程资源，灵活运用多种教学策略，引导学生在实践中学会学习。

第二条：遵循学生身心发展和语文学习的规律，选择教学策略。

学生生理、心理以及语言能力的发展具有阶段性特征，不同内容的教学也有各自的规律，应该根据不同学段学生的特点和不同的教学内容，采取合适的教学策略，促进学生语文素养的整体提高。

我们认为，对初中作文实施分层异步教学，一方面，是现实需要；另一方面，也是在实践新课程改革的上述理念。从某种意义上说，新课程改革能不能顺利推进，主要还是看广大师生是否在真正地参与和推动新课程实践。如果本选题能取得一定突破，对新课程改革，我们认为也是具有一定意义的，它至少说明：

（1）对初中作文实施分层异步教学，不仅在理论上是可行的，在实践上也同样证明是可行的。

（2）语文学科实施分层异步教学也可以提上日程成为可以探讨的话题。

（3）每一位语文教师都可以从自身的实际出发参与和推进语文新课程改革。

三、文献综述

（一）国内研究现状

关于分层异步教学，目前国内还没有太深入的理论研究成果，甚至都没有一个比较权威的定义，有的只是一些比较零散的实践研究，关于初中作文分层异步教学的研究更几乎是空白。但跟分层异步教学相关的分层教学、异步教学等则成果丰硕，为描述这些领域的研究现状，我们兹作如下一些梳理。

1.相关概念及其界定

（1）分层教学

关于“分层教学”，学术界有几种不同的提法。

詹振权先生认为：“分层教学”就是教师充分考虑到学生中存在的差异性，区别对待地设计和进行教学，有针对性地加强对不同类别学生的学习指导，以便使每个学生都能得到最优的发展。

陈树逸先生认为：“分层教学”指根据不同的学生有不同的接受能力与学习要求，通过不同的课堂教学，创设相应的问题情境，实施相应的教学目标，布置相应的作业，完成相应的测试，使每个学生在原有基础上有不同程度提高与发展的教学方法。

马双来先生认为:“分层教学”是在班级授课制下，教师在教授同一教学内容时，依一个班级优、中、差生的不同知识水平和接受能力，以相应的三个层次的教学深度和广度进行施教的一种教学手段。

上海市飞虹中学认为：“分层教学”是一种在班级授课制条件下适应学生差异的旨在大面积提高教学质量的课堂教学的策略。

刘树仁先生的看法则是：所谓分层次教学，就是教师在学生知识基础、智力因素和非智力因素存在明显差异的情况下，有区别地设计教学环节和进行教学，遵循因材施教原则，有针对性地实施对不同类别学生的学习指导，不仅根据学生的不同实际选择教法、布置作业，还因材施“助”，因材施“改”，因材施“考”，因材施“分”，使每个学生都能在原有的基础上得到发展，从而达到总体教学目标。

综合以上各种观点，我们认为：分层教学是以承认学生有差异为前提、以学生为主体、以面向全体学生为原则、以使每个学生都学有所得并获得最佳发展为目标、以对学生分层施教为手段的一种教育教学理念和教学策略。

（2）异步教学

“异步教学”这一概念在国内最早是由湖北大学黎世法教授提出来的。

经过系统地分析比较，1985年1月至1989年6月，黎世法提出了人类社会教学实践发展的“三阶段”说，即：以个别教学方式为主的古代社会的教学实践阶段、以班级授课制为主的近代社会的教学实践阶段和以个性化教学方式为主的现代社会的教学实践阶段。

黎世法认为，他的最优化教学方式和教学理论属于现代社会的一种个性化教学方式和教学理论，传统的班级授课制是“同步教学”，即一个班全体学生的学习速度与一个教师的讲课速度同步，教师讲到哪里，学生就学到哪里。为了区别于同步教学，并突出最优化教学方式和教学理论的特点，黎世法将其最优化教学方式和教学理论更名为“异步教学方式”和“异步教学理论”。

黎世法概括异步教学的具体特征有：具有明确教学目标，有计划、有组织；以学生为学习的主人，教师为学生学习指导者；能将教师的三种指导形式（个别指导、分类指导和全体指导）与学生的五种学习形式（独学、对学、群学、请教教师和全体学）有机地统一在教学过程中，使教师的“五步指导”与学生的“六步学习”紧密结合进行。以学生的个体独学为基础，充分运用一切教学条件，根据学生的具体学情组织课内外教学活动，通过培养学生的自主学习能力，达到高效率、大面积提高教学质量的目的。

由此观之，黎世法先生的“异步教学”是一种有目标、有计划、有组织的，以教师为主导，学生为主体，学情为根据，使教师的异步指导与学生的个体学习紧密结合起来的高效率的全面提高教学质量的教学方式和教学理论。

本文所述“异步教学”正是基于黎世法先生的定义。不过，我们所说的“异步教学”，又不全然是黎世法先生的“异步教学”，这里更多强调的是一种与分层教学相结合的教学方式和教学策略。关于这一点，我们在下文中将作更进一步的阐述。

（3）分层异步教学

许多人认为：“分层异步教学”，是在传统分层教学基础上分化出来的一种教学方法。

对此，我们有不同的看法。正如我们在上文所界定的，“分层教学”和“异步教学”各有其不同的特征和内涵，把“分层异步教学”界定为“分层教学基础上分化出来的一种教学方法”，显然是不合理的。我们认为，“分层异步教学”是整合“分层教学”“异步教学”和“成功教育理论”等理论体系而逐渐形成的一种崭新的教育教学思想和教学方式。它来源于分层教学、异步教学和成功教育理论，但又不同于三者，是一种新质。

本文所述“分层异步教学”，就是建立在上文所界定的概念的基础上的，不过这里着重强调的是一种教学方式或者教学策略。具体讲就是先把同一个班中具有相似知识水平与学习特点的学生组合为一个个教学单位即“层”，然后再依据各层学生的学习能力，制订不同的教学目标，设置不同的练习，进行不同的指导，从而实现让各层次学生共同提高的目标。这里“分层”着重强调的是学生的差异性，而“异步”则着重体现教师教学的针对性。所以，我们这里所探讨的“分层异步教学”就是一种以尊重学生的差异性、体现教学的针对性为突出特点的的教学方式或者教学策略。

这一教育教学思想和教学方式很好地将传统教学理论与现代教学技术统一起来，在保证学校教学效益的基础上克服了班级授课制的诸多固有的不足，为我们语文教学改革尤其是初中作文教学改革提供了新的思路。

2.国内分层异步教学的历史发展

分层异步教学的两大理论源头应该说是分层教学和异步教学。

分层教学的思想源于中国古代“因材施教”的观点。早在2000多年前中国伟大的教育家孔子在他的《论语》中就提出了“因材施教”的教育原则，孔子说“中人以上，可以语上也；中人以下，不可以语上也”（《论语·雍也》）。孔子创立了一套典型的教育体系即个别化教学，这是分层教学思想的发轫。后来唐代韩愈提出的“各得其宜”，明王守仁提出的“随人分限所及”，清王夫之提出的“因人而进”等思想，均跟孔子的分层教学思想一脉相承。

分层教学真正作为一种教学形式在中国进行试验，最早可追溯到民国时期。1913年，《中华教育界》上有了关于分层教学方面的介绍。1914年朱之善开创了“分团教授法”的中国现代分层教学实验。但由于当时中国条件所限，分层教学实验开展困难重重，总体来看对中国教育影响不大。

中华人民共和国成立后，分层教学曾一度兴盛，后来相关研究和实践被迫终止。20世纪80年代以后，随着素质教育的推行，学生之间的差异性日益受到关注，中国分层教学研究和试验获得蓬勃发展。

近年来，有关分层教学的研究可谓成果丰硕。理论方面，如付海伦的《在层次教学中培养学生的思维能力》、华国栋的《差异教学论》、张丽珍的《分层次教学的理论模式与实践研究》等。实践运用方面，关于在实施分层教学中的体会、收获、反思等文章更是多如牛毛，分层教学的研究成为教育研究的一大热点。

而异步教学则直接来源于黎世法先生提出的“异步教学论”。关于这一点，上文已有交待，此处不赘述。

3.国内作文分层异步教学的研究现状述评

近年来，国内关于作文分层教学的研究非常火热。理论文章方面，李逢辉、李逢娟的《在作文教学中实施分层教学》、吴祚稳的《实施分层递进教学，提高全体学生作文水平》、毛长洲的《作文的分层教学》、卞英杰的《试论初中作文的分层次教学》是比较有代表性的，而与之相应的实践就数不胜数了。

而在作文分层异步教学方面的研究探索则相对比较少，周国春的《作文分层异步教学的探索》算是比较早的探索。这篇文章，已经开始把分层教育理论和异步教育理论结合起来研究并付诸实践，试图对传统作文教学进行大胆改革，对我们启发很大。

（二）国外研究现状

国外尚未有分层异步教学之提法，应该说他们的分层异步教学被涵盖在了分层教学里面，所以这里我们主要梳理分层教学的研究情况。

1.国外分层教学的历史发展

分层教学的思想源于中国，可是对分层教学进行研究却始于西方，真正形成成熟的教育思想和理论体系也是在西方。

19世纪中期，美国经历了一场大规模的教育改革，学校教育开始与地方教育制度结合，出现了分年级的学校。1850年，根据年龄来分级已经很盛行；1870年，根据年龄分级的学校已经成为学校组织的主导模式。分层教学开始萌芽。

19世纪末20世纪初，美国已经开始由农业社会向工业社会转化，义务教育开始普及，加上移民增多，生源质量参差不齐的现象尤为突出。而在英国，一直推行的维多利亚体系这时也逐渐暴露出问题，教师为了收入，更愿意教中等学生，而不愿意花力气教优生、差生。

资产阶级现代教育派开始思考解决问题的办法，于是提出按各种条件分班的教学组织形式，“三分法”（即分好、中、差三层）开始流行。

到20世纪20年代始，班内分层教学渐成学校教育的主要特征。到20世纪中叶前后，分层教学几乎普及英、美国家，但同时对它的批评的声音也渐起，分层教学从此就在争论中随着西方国家发展战略的调整步伐而不断前行。1993年美国全国教育统计中心的一项调查显示：86%的公立中学仍在实行分层教学，只不过方法有所调整而已。

2.国外分层教学的理论发展

（1）“最近发展区”理论

“最近发展区”理论是由苏联教育家维果斯基提出来的。维果斯基的研究表明：教育对儿童的发展能起到主导作用和促进作用，但需要确定儿童发展的两种水平，一种是已经达到的发展水平；另一种是儿童可能达到的发展水平，表现为“儿童还不能独立地完成任务，但在成人的帮助下，在集体活动中，通过模仿，却能够完成这些任务”。这两种水平之间的距离，就是“最近发展区”。把握“最近发展区”，能加速学生的发展。

（2）“教学最优化”理论

苏联著名教育家巴班斯基提出了“教学最优化”理论，该理论最大的特色就是其方法论基础与众不同，即他首次尝试性地使用了辩证的系统结构方法论。他指出，要使教学过程最优化，就必须以辩证的系统结构方法论来研究教学过程。

他认为：“教学最优化是从解决教学任务的有效性和师生时间耗费的合理性着眼，有科学根据地选择和实施该条件下最好的教学方案。”

“教学过程的最优化”是该理论的核心，它告诉我们：老师可以选择一种能使教师和学生在花费最少的必要时间和精力的情况下获得最好的教学效果的教学方案并加以实施。

（3）“掌握学习”理论

当代美国著名心理学家、教育家布卢姆提出了“掌握学习”理论。该理论认为：“只要在提供恰当的材料和进行教学的同时给每个学生提供适度的帮助和充分的时间，几乎所有的学生都能完成学习任务或达到规定的学习目标。”

布卢姆的掌握学习教学理论把让大多数学生获得发展作为核心思想，注重从某一具体学习任务来分析教学的变量，强调形成性评价，从而使大多数学生达到对课程材料的真正掌握，并增强学习的兴趣，促进心理健康。

3.国外分层教学述评

随着西方国家经济社会发展以及对教育的要求逐步提高，20世纪以来，分层教学理论和实践在西方获得了空前的发展。

理论方面：维果斯基的“最近发展区”理论，揭示了教学中“个体差异”现象存在的问题，同时也指出了使每个个体都获得最好发展的途径。巴班斯基的“教学最优化”理论则提出了教学的有效性的问题。布卢姆的“掌握学习”理论，又回答了差生如何形成以及如何教育的问题。这些理论跟西方哲学、心理学等学科的发展一道推动了分层教学在西方的成熟和发展。

实践方面：分层教学在美、英、日等国家获得普及，而这些国家的发展，也可以说都从分层教学中获益匪浅。

（三）国内外的相关研究及其述评

从以上梳理中，我们可以看到：在已经过去的一个多世纪里，分层教学在中外都获得了比较好的发展。只是在面对新的形势和新的情况时，它也会面对一些批评和挑战。而近30多年来，国内异步教学异军突起，且大有长江后浪推前浪之势。然而，异步教学也有其弊端，那就是过于烦琐并且过于依赖学生的个人学习，这对初中生来说，尤其是学习困难的学生来说，显然在操作上是有困难的。

近年来，著名特级教师、上海八中校长刘京海提出和创立了“成功教育理论”。

成功教育理论结合分层教学思想，提出把学生分成三层进行教育的思想，从而总结出了三种重要的教育模式即帮助成功的教育模式、尝试成功的教育模式、自主成功的教育模式。这是国内消化吸收国外的先进教育理论，并在实践的基础上自主创立出来的又一个重要的教育理论。它的核心思想就是根据学生的实际情况来分层进行教育以帮助学生成功。这对我们今天的新课程改革，对初中作文教学来说，也都具有很重要的借鉴意义。

整合分层教学理论、异步教学理论和成功教育理论而形成的分层异步教学，目前来说，还是个新课题，成体系的研究基本没有，在初中作文方面的研究就更少。总体看来，这些理论和实践探索或停留于比较浅层次的经验介绍，或没有把分层教学思想和异步教学理论很好地结合起来，或不切初中作文教学的新形势，或欠缺实践层面的鲜活材料和深入研究过程，尤其是初中作文教学实践层面的鲜活材料和深入研究过程，这为我们在这个领域的研究留下很大的探索空间。

四、研究思路和研究方法

（一）研究思路

我们拟以教学实践中发现的问题为起点，通过对国内外关于分层异步教学的理论进行梳理和思考，努力建构契合新课程理念和当下初中作文教学实际的初中作文分层异步教学模式，努力探索初中作文分层异步教学实施的实践经验，并通过扎实的实验研究来证明在初中作文教学中实施分层异步教学是有效的。在此基础上，论文也试图通过深入反思努力为以后语文学科甚至其他学科在课堂教学中实施分层异步教学的研究提供一些有益的启发和思考。

（二）研究方法

1.实验法

我们在七年级选出了两个自然班展开初中作文分层异步教学方面的实验，通过对实验结果的观察和分析，我们来检验分层异步教学的有效性，探讨课题实验存在的问题以及思考改进实验的对策等等。

2.文献研究法

在研究的初期，我们需要借助各种文献资料，梳理相关研究的进展情况，分析前人在这些领域已经取得的一些深入的研究成果，寻找解决我们实际困境的一些思路。这是我们开展研究的逻辑起点，文献研究的进展和深入程度将决定我们研究的深入程度。

3.调查法

在我们的这项课题研究中，第一个任务就是要摸清初中作文教学的现状。对我们作文教学中存在的主要问题，以及经过实验以后，学生在某些方面所发生的变化，我们都要通过调查法来展开研究。比如，我们在课题研究的初期，编制了一份初中学生作文学习现状的调查问卷，也编制了一份初中语文教师作文教学的问卷。我们的目的就是通过调查拿到关于初中作文教学的第一手资料。

4.访谈法

对初中作文教学实施分层异步教学后，学生在作文的情感态度价值观等三个维度上有没有发生变化？如果有，那么发生了哪些变化、多大的变化？我们要通过访谈法，分别随机选取等量各层学生了解情况。我们要通过对访谈结果的分析整理来评估学生在这些方面发生变化的实际情况。

五、实验设计和实施方案

（一）实验设计

1.实验课题

初中作文分层异步教学的实施研究。

2.实验目的

通过对分层异步教学理论的梳理，我们构建了初中作文分层异步教学的基本模型，我们要通过实验研究提高学生作文的成绩和兴趣，提高初中作文课堂教学的有效性，从而促进学生的全面发展。

3.基本假设

在初中作文课堂教学中实施分层异步教学，能有效提高学生的作文成绩和兴趣，能有效提高初中作文课堂教学的有效性，从而促进学生的全面发展。

4.实验对象

我校初中实验班学生。这些班是依据小学升初中考试成绩，电脑随机分班而形成的班级，其情况基本相似（包括班级均分、语文成绩、作文成绩、男女比例、年龄等）。我们随机在各年级确定实验班和对照班。

5.研究的主要内容

（1）调查初中作文教学中存在的主要问题及我校初中学生写作水平和能力的实际状况。

（2）实施作文异步分层教学的具体策略。

（3）实施异步分层教学的成效检验。

（4）课题实施带给我们的反思。

6.实验设计模式

本实验采用等组随机控制前后测实验设计，我们要通过对前、后测实验数据的分析来观察实验因子即在初中作文教学中实施分层异步教学对班级学生作文成绩的影响程度。

7.实验时间

一学年（2009年2月至2010年1月）。

8.实验成果形式

论文、课例集、论文集、课题研究报告。

（二）实施方案

1.总体构思

首先我们会通过学习分层异步教学的有关理论，来提高我们的理论素养，并运用理论指导自己的教学实践。我们要通过为期一年的初中作文分层异步教学实践，来印证我们的一个基本假设，即在初中作文教学中实施分层异步教学能够达到预期的目标：学生的作文成绩提高、学生的作文学习态度有明显改进，学生对写作的认识得到提高。在整个实验过程中，一定要严格执行实施方案，抓好变量控制环节和前后测环节，做好资料收集和整理工作，通过科学的分析和计算评估实验成果，最后通过深入的反思，形成一批阶段性研究成果，为今后在该领域的继续研究奠定坚实的基础。

2.实施措施

2.1 变量控制

由实验教师同时任教实验班与对照班的作文课，对照班用传统教学方法组织教学，实验班用分层异步教学模式组织教学。

变量及其控制：本实验的自变量是对初中作文实施分层异步教学，因变量是学生的作文成绩。为使实验取得预期的成果，需要注意无关变量的控制，为此，下面的环节对实验来说至关重要。

在实验班与对照班学生的起点基本一致的前提下，我们要始终注意控制课时、教学内容、作业量等的一致，注意学生人数和教师人数保持不变，注意教学工作态度等的一致，所有与试验相关的教学设备和授课教材也均应与其他班保持一致。

2.2 实验工作计划

①前测

时间安排：2008—2009学年度七年级第一学期期末。

测验形式：统一测验，密封试卷，不同级部老师交叉改卷。

我们把这次期末考试的作文成绩作为实验的起点成绩，把对学生的调查问卷结果作为了解学生在作文的情感态度价值观、过程与方法、知识与技能等方面的起点调查结果。

②后测一

时间安排：2008—2009学年度七年级第二学期期末。

测验形式：统一测验，密封试卷，不同级部老师交叉改卷。

我们把这次期末考试的作文成绩作为实验的一次后测成绩，用来观察学生在作文成绩方面的变化情况。

③后测二

时间安排：2009—2010学年度八年级第一学期期末。

测验形式：统一测验，密封试卷，不同级部老师交叉改卷。

我们把这次期末考试的作文成绩作为实验的终点成绩，用来观察学生在作文成绩方面进一步变化的情况。

④学生访谈

时间安排：2009—2010学年度八年级第一学期期末。

访谈形式：分层抽样访谈。

我们把对学生的访谈结果作为学生在实施分层异步教学后在作文的情感态度价值观、过程与方法、知识与技能等方面发生变化的结果。

2.3 实验工作制度

实验期间，学生人数保持不变，语文学科教师人数不变、人员不变，教学仪器设备、教材等与其他班完全一样，所有关于学生成绩的实验数据均取自学校数据库，所有相关资料进入课题档案。严格执行阶段工作安排，完成相应课题任务。

3.评价

时间安排：2010年2月—3月。

我们通过对前后测结果进行比较，通过对调查问卷和访谈结果进行分析比较，最终对我们的试验情况作出评估，对一些需要注意和改进的方面作出深入的反思。

评价主要工具：Microsoft office 2003软件包，统计与测评相关公式。

主要评价方法：相关公式，内容分析。

4.实施策略

结合课题研究实践，我们对初中作文分层异步教学的实施策略进行了一些总结，整理如下。

4.1 分层的策略

①分层的原则

严格制定分层依据

要对一群未成年的学生进行分层，我们要考虑的因素很多。其中最重要的就是要考虑到符合学生健康成长的要求。所以我们的分层依据一定要非常科学民主，否则分层非但没有意义，反而还会影响学生的健康成长。在实验推进之前，我们就围绕分层问题展开了探讨，我们找到了刘京海先生的分层模板，明确提出把“成功教育理论”作为我们分层的科学依据。

充分尊重学生意愿

我们在分层之前进行了普遍的调查，根据摸底征求的学生意见，再综合权衡，落实分层细节。在公布分层名单之前，再次逐个征询意见，确认无误后，正式确定分层。整个过程充分尊重学生意愿，保证学生充分参与。

保持系统动态平衡

为激励学生，帮助学生实现成功，也为教学组织的有序和有效，我们对学生分层定期进行调整。对于进步明显的学生，我们及时对其进行鼓励，让其进入上一层次学习；而对于暂时学习存在困难的学生，我们也注意调整其学习目标，让其暂时进入下一层次学习。各层学生动态流动，从而在全班形成既有竞争也能保持层次基本稳定的有序又充满活力的学习生态系统。

②分层的实施

分层对象的选取

从我校初中部的七、八、九各年级中各种条件非常相近的自然班中随机选取一个班或者两个班作为实验对象，而把另外与之条件相当的一个班或者两个班作为实验对照班。我们对实验班的学生按照既定原则进行分层。

分层的具体操作

按照既定的分层原则，我们以成功教育理论为依据，以学生自愿为前提，以老师掌握的学生实际水平为基础，把每个实验班学生按认知能力、学习能力和愿望态度等具体情况分为基础层、发展层、提高层三个层次（各层人数比约为1:2:1）异步组织教学，随着教学进程的推进和学生能力水平的变化，学生可以在三个层次之间流动，即基础层的学生可以进入发展层甚至提高层，而提高层的学生也可能因为能力水平不济等原因而进入发展层，各个层次学生的人数呈动态变化。

4.2 分层异步教学的策略

①分层异步教学的实施原则

面向全体原则

《中共中央国务院关于深化教育改革全面推进素质教育的决定》中明确指出：全面推进素质教育，要坚持面向全体学生，为学生的全面发展创造相应的条件，依法保障适龄儿童和青少年学习的基本权利，尊重学生身心发展特点和教育规律，使学生生动活泼、积极主动地得到发展。

《基础教育课程改革纲要（试行）》中也指出：教师应尊重学生的人格，关注个体差异，满足不同学生的学习需要，创设能引导学生主动参与的教育环境，激发学生的学习积极性，培养学生掌握和运用知识的态度和能力，使每个学生都能得到充分的发展。

所以，对于我们所探讨的初中作文分层异步教学课题来说，很重要的一点就是我们在实施的过程中一定要坚守这样一个原则。

合分结合、同步异步结合原则

在班级内实施分层异步教学，必须面对的一个问题就是教学组织将变得困难。所以我们在实施教学的过程中，创造性地把集中学习与分层学习结合起来，把集中辅导和分层辅导结合起来，把同步教学和异步教学结合起来。我们把这叫作“合分结合、同步异步结合原则”。

目标激励原则

我们根据每一层学生的不同情况，为他们分别设定不同的学习目标。目标完成得好的同学有机会晋级上一个层次，而完成得不好的同学，也会随时有被调整层次的危险。这样就让学生的学习变得具有一定的竞争性。

激发自主原则

我们对“提高层”学生实行“放”的原则，意思就是让他们能够自主地制订当堂的学习目标或者是自主完成当堂的教学任务。而我们的更进一步的目标就是引导“发展层”和“基础层”的学生也分别走上自主学习的道路。

②分层异步教学的实施策略

课前准备

A.分层编位

在进行课程实验之前，按照既定的原则科学、民主、合理地对学生进行分层，并根据分层异步教学的需要，也考虑到学生之间的交流讨论以及互相学习的方便，安排好学生的座位。

实验班作文教学课座位表

讲　台

行号＼组别	1	2	3	4	5	6	7	8
1	B1	B7	A 1	C1	A 8	C7	B13	B19
2	B2	B8	A 2	C2	A 9	C8	B14	B20
3	B3	B9	A 3	C3	A10	C9	B15	B21
4	B4	B10	A 4	C4	A11	C10	B16	B22
5	B5	B11	A 5	C5	A12	C11	B17	B23
6	B6	B12	A 6	C6	A13	C12	B18	B24
7			A 7		A14			

说明：1. 表中“A”代指提高层学生；“B”代指发展层学生；“C”代指基础层学生。

2. 座位编排主要根据分层异步教学需要，也考虑到学生之间的交流讨论以及互相学习的方便。

B.分层备课

我们要改变以往全班备一份课的情况，我们的备课需要根据学生的不同而作出不同的安排。三个层次的学生，有三个层次不同的需要，我们需要为此作出有针对性的备课调整，务使所有学生在作文课堂上都能得到最大程度的收获。

C.分层定标

对每个层次的学生，我们都要提出跟他们的学习能力相匹配的不同的学习要求，为此我们需要针对不同层次的学生，为他们制订出符合他们实际的课堂目标：对于提高层的学生，我们要保证他们“吃得饱”；对于发展层的学生，我们要让他们“消化好”，夯实基础；对于基础层学生，我们则把主要精力放在提高他们的自信心、提高他们的兴趣上，以让他们克服畏难心理，愿意参与，进而逐步提高。

课堂实施

A.总体引导。按照“合分结合、同步异步结合”原则，为最大限度地发挥课堂效益，教师有必要在每一次作文课前作一些整体上的指导，以引导学生完成该堂课的学习任务，充分体现教师的主导作用。

B.学生讨论消化，老师分层异步点拨辅导。在对学生进行必要的引导之后，教师应当走进学生中间，了解学生掌握的情况，让学生在讨论中消化吸收相应的知识，对于各层次学生的疑问作出恰当的解答，尤其要把重点放在基础层的身上，因为他们的学习困难最大，自信心严重不足。

C.老师提出分层学习目标。在学生充分理解消化的基础上，老师把握时机，适时提出分层学习目标，让各层次学生迅速进入分层学习状态。

D.学生课堂分层异步训练。作文课最终还是要落实到“写”上，通过制订不同的学习目标，让学生自己把握目标，分层异步进行各自有针对性的作文训练。

E.老师分层异步辅导。利用学生进入分层异步写作练习的时间，老师走进学生中间，了解各层学生尤其是基础层学生的困难所在，进行逐个跟踪辅导，以促使学生完成本堂课的学习任务。

F.学生作品展示交流，师生分层点评。学生训练结束，老师要组织学生交流作品，还要选择各层次有代表性的作品进行分层点评，时间允许的话，还可以让各层学生借助多媒体教学系统互相评点作品。

G.分层异步课外练习。为巩固成果，我们还需要布置一定的课外训练。这个时候，我们仍然要针对三个层次学生的不同情况来作出合理的设计和安排。需要注意的是，千万不能把课外作业变成学生的学习负担，所以这些作业的设计一定要让学生感到亲切，没有心理压力，否则效果可能会适得其反。

我们的课题实验就是这样循着这些既定的实施策略，理性地顺利地不断向前推进，最终取得一定的成绩。

六、实施效果

（一）前后测作文成绩比较

1.单学期实验情况对比

表1 第一组数据比较（前测与2008—2009学年度七年级第二学期期末考试）

对比方面	对比班别	前测	第一学期	计差额对比
及格率	实验班701	100%	94.30%	6.10%
	对比班702	100%	88.20%	
优秀率	实验班701	93%	69.80%	8.10%
	对比班702	92%	60.70%	
平均分	实验班701	34.5	31.1	1.6
	对比班702	34.6	29.6	

表2 第二组数据比较（前测与2008—2009学年度七年级第二学期期末考试）

对比方面	对比班别	前测	第一学期	计差额对比
及格率	实验班703	100%	94.23%	-1.87%
	对比班708	100%	96.10%	
优秀率	实验班703	90.40%	57.69%	-5.71%
	对比班708	92.20%	63.40%	
平均分	实验班703	34.6	30.9	2
	对比班708	33.7	29.9	

表3 第三组数据比较（前测与2008—2009学年度七年级第二学期期末考试）

对比方面	对比班别	前测	第一学期	计差额对比
及格率	实验班706	98.00%	94.23%	-1.57%
	对比班707	96.20%	94.00%	
优秀率	实验班706	86.20%	57.45%	-11.43
	对比班707	90.40%	73.08%	
平均分	实验班706	33.8	31.02	0.43
	对比班707	33.9	30.69	

表4 第四组数据比较（前测与2008—2009学年度八年级第二学期期末考试）

对比方面	对比班别	前测	第一学期	计差额对比
及格率	实验班806	90.00%	90.00%	8.20%
	对比班807	94.20%	86.00%	
优秀率	实验班806	66.00%	67.50%	-8.10%
	对比班807	57.70%	67.30%	
平均分	实验班806	29.3	29.99	3.89
	对比班807	31.5	28.3	

表5 第五组数据比较（前测与2008—2009学年度八年级第二学期期末考试）

对比方面	对比班别	前测	第一学期	计差额对比
及格率	实验班809	100%	96.00%	0
	对比班808	100%	96.00%	
优秀率	实验班809	84%	82.00%	-8%
	对比班808	70%	76.00%	
平均分	实验班809	33.3	32.76	-1.14
	对比班808	32.5	33.1	

2.连续两个学期实验情况对比

表6 第六组数据比较（前测与2009—2010第一学期期末考试）

对比方面	对比班别	前测	第二学期	计差额对比
及格率	实验班706、806	98.00%	96.00%	3.80%
	对比班707、807	96.20%	90.40%	
优秀率	实验班706、806	86.20%	46.00%	0.20%
	对比班707、807	90.40%	50.00%	
平均分	实验班706、806	33.8	31.33	2.34
	对比班707、807	33.9	29.09	

表7 第七组数据比较（前测与2009—2010第一学期期末考试）

对比方面	对比班别	前测	第二学期	计差额对比
及格率	实验班703、803	100.00%	100.00%	9.80%
	对比班702、802	100.00%	90.20%	
优秀率	实验班703、803	90.40%	58.80%	15.50%
	对比班702、802	92.20%	45.10%	
平均分	实验班703、803	34.6	31.67	2.49
	对比班702、802	34.6	29.18	

表8 第八组数据比较（前测与2009-2010第一学期期末考试）

对比方面	对比班别	前测	第二学期	计差额对比
及格率	实验班809、909	100%	94.00%	-4%
	对比班808、908	100%	98.00%	
优秀率	实验班809、909	84%	47.00%	-5%
	对比班808、908	70%	38.00%	
平均分	实验班809、909	33.3	30.4	-0.7
	对比班808、908	32.5	30.4	

（二）我们对实验数据的分析和思考

1.数据分析

（1）从前测情况看：（五个实验班701、703、706、806、809）

及格率方面：与对比班持平的有3个班，占全部实验班总数的60%；比对比班略高的1个班，占全部实验班总数的20%；比对比班略低的1个班，占全部实验班总数的20%。

优秀率方面：比对比班略高的有3个班，占全部实验班总数的60%；比对比班略低的2个班，占全部实验班总数的40%。

平均分方面：比对比班略高的有2个班，占全部实验班总数的40%；比对比班略低的有3个班，占全部实验班总数的60%。

（2）从实验的第一学期情况看：（五个实验班701、703、706、806、809）

及格率方面：与对比班持平的有1个班，占全部实验班总数的20%；比对比班略高的有2个班，占全部实验班总数的40%；比对班略低的有2个班，占全部实验班总数的40%。

优秀率方面：比对比班略高的有1个班，占全部实验班总数的20%；比对比班略低的有4个班，占全部实验班总数的80%。

平均分方面：比对比班略高的有4个班，占全部实验班总数的80%；比对比班略低的有1个班，占全部实验班总数的20%。

（3）从实验的第二学期情况看：（三个实验班）

及格率方面：比对比班略高的有2个班，占全部实验班总数的66.7%；比对比班略低的有1个班，占全部实验班总数的33.3%。

优秀率方面：比对比班略高的有2个班，占全部实验班总数的66.7%；比对比班略低的有1个班，占全部实验班总数的33.3%。

平均分方面：与对比班持平的1个班，占全部实验班总数的33.3%；比对比班略高的有2个班，占全部实验班总数的66.7%。

通过与前测对比，我们发现：在平均分方面，所有实验班中，除一个班在实施作文分层异步教学以后的两个学期中比对比班略低外，其余实验班作文平均分均明显高于对比班。而在及格率方面和优秀率方面，不能很明显地看出变化。

通过与前测对比，我们还发现：连续两个学期进行实验的班级，比只进行一个学期实验的班级进步幅度更大，进步也更为明显。

2.我们的思考

通过对实验数据及格率、优秀率和平均分的对比分析，我们认为可以得出如下基本结论：在初中作文教学中实施分层异步教学对整体提高学生作文的平均成绩和水平是有效的，而且执行实验时间越长，效果越明显。

不过通过实验数据的对比分析，我们也发现：实验班和对比班在及格率、优秀率方面并没有什么特别明显的差异，这究竟是怎么回事，这个需要我们思考并作进一步的研究。

同时我们还看到：并不是所有实验班平均分都明显优于对比班。这又是怎么回事呢？

为此，我们进行了专门的跟踪研究，并最终发现了问题所在。

第一，我们实验的范围包括初三年级，班级面比较广，个别班级情况比较特殊。实际上我们了解到的情况是：初三实验班出现了差生流失的情况，而所有流失生均被学校按零分计算教学成绩。这个情况对该班的作文成绩统计造成了一定的统计失真。

第二，我们参与实验的老师都很努力，但我们老师承担的教学压力不一样，个别老师的教学成绩可能也跟其在落实作文分层异步教学的方法、步骤等方面不是特别到位的情况有一定关系。

第三，我们的实验探索本身的某些环节还有待改进，还需要不断打磨提高。

（三）学生的变化

1.学生访谈

①访谈对象

我从实验班三个层次学生中分别随机选取了3名一共9名学生进行了访谈。

②访谈目的

全面了解各层次学生对作文分层异步教学的接受认同程度，尤其是他们在情感态度价值观方面的变化。

③访谈问题

A.你接受在初中作文教学中实施分层异步教学吗？

B.实施异步分层教学后，你感觉写作文变得难了还是容易了还是没有变化？

C.实施异步分层教学后，你的作文水平提高了吗？

D.实施异步分层教学后，你对作文的态度有没有发生一些变化？（更喜欢？更不喜欢？或者没有变化？）

E.你觉得作文应该是自主行为还是需要一定的外在压力推动的行为？

F.你觉得作文在你的生活中重要吗？

④访谈的基本情况概述

通过访谈，我们收集到了9名学生对初中作文分层异步教学的这样一些基本情况：9名学生全部接受分层异步教学；有7名学生觉得写作文变得容易了，2名学生表示没有变化；7名学生感觉作文水平提高了，2名表示没有变化；7名学生变得更喜欢写作文，2名学生不置可否；有4名学生觉得写作文需要一定的外在压力，3名觉得要靠自主，2名表示不知道；9名学生全部觉得作文在生活中很重要。

⑤访谈结果分析

以上访谈基本情况，具有一定的代表性。从访谈的结果看得出来：学生在对待作文的情感态度价值观方面发生了一些显著的变化，他们都愿意接受新的教学方式，都觉得作文在生活中很重要，都有愿望提高作文水平。这些情况表明：实施分层异步教学以后学生对作文的兴趣大大提高了。这也说明实施异步分层教学对初中作文教学是非常有必要的，也是有效的。

当然，访谈反映的问题也是很明显的。那就是还有很大一部分学生表示写作文需要外在压力，还不能自主写作；还有小部分学生可能是因为基础太差即便是我们认为的已经降低的要求他们也达不到，明显跟不上，所以对写作文虽有愿望但不具备基本能力，信心非常不足，感到非常茫然。

2.典型个案及个案分析

学生小忠，男，进入初中的时候，语文常常不及格，常常处在被批评的行列，语文学习非常消极。在进行分层异步作文教学实验后，他被分到基础层。

分到基础层以后，我们按照基础层的目标来要求他，他一下子觉得学习不像以前那么难了，再也不回避作文了。一次期中考试，他的作文获得了基础层的第一名，这是他读书以来获得的第一个“第一”。自从拿了个第一，他写作的热情更高涨了。期中考试后我们布置了一篇堂上作文。下午，他拿着作文进办公室找老师，要求老师看他的作文并给点修改意见。老师肯定了文章的优点，然后指出不足的地方。谈完后，老师以为他会直接把作文交给老师，没想到他说还要拿回去修改，抄好了再交。

一个作文困难的学生已慢慢变成了不讨厌作文而且还愿意修改作文的学生了。

到八年级第一学期期中考试，小忠的作文得了32分（满分40分），对于他——一个语文成绩常常不及格的学生来说，这是多么了不起的一个进步。

学生陈××，女，进入初中的时候，在全班学生中学习成绩排名比较靠后，是班上的第41名（全班共50人）。语文成绩也不算好，也就勉强及格，作文水平远低于全班平均水平，自己对语文学习和作文很没有自信。七年级一个学期过去了，语文仅仅65分（满分100分），作文25分（满分40分），成绩仍然上不来。初一下学期开始，我对该班作文进行分层异步教学实验。我把她分在了基础层。对基础层的学生，我在作文课上要求他们从最基础的词句通顺训练开始，从写好每一个字开始。坚持一个学期的跟踪之后，她的语文成绩和作文水平有了很大提高。到七年级下学期期末，她的语文已经可以达到75分（总分100分），作文也已经开始突破30分（总分40分）。到八年级上学期，我根据她的表现把她调整到发展层，她的写作信心更强了，平时作文训练经常可以达到80分以上（满分100分），到八年级上学期期末考试，她的语文成绩已经进入了80分以上的优秀行列（满分100分）了，作文也已经达到35分以上（满分40分）。

上述两个典型个案中，小忠原本是所谓“差生”，而学生陈××原本也就只能算中下层的学生，实施作文分层异步教学使他们都能从原来的被动落后的窘迫境况中走出来，获得自信，取得巨大进步。他们的改变说明：作文教学只要真正地面向每一个学生，面向每一个学生的具体情况，那么作文教学就一定能够取得成效。

七、反思和结论

（一）实验存在的主要问题

1.实验的效果还有待进一步观察

从实验结果看，我们认为在初中作文教学中实施分层异步教学对整体提高学生作文的平均成绩和水平是有效的，而且执行实验时间越长，效果越明显。

但是我们也发现：实验班和对比班在及格率、优秀率方面并没有什么特别明显的差异，这究竟是怎么回事？这需要我们思考和作进一步的深入研究。

2.并没有很好地证明每一个层次的学生的进步

实验证明了实施初中作文分层异步教学对整体提高学生作文成绩是有效的，但实验并没有很好地证明每一个层次的学生作文成绩都获得了很好的发展，这个应该是我们实验设计方面的一个缺陷，也跟我们的研究经验不足有很大关系。

3.学生访谈结果值得深入研究

学生访谈结果表明：仍然有部分学生在实验实施后，在对写作的情感态度价值观方面丝毫没有发生变化。这究竟是分层异步教学的问题，还是学生自己的问题？这也很值得我们作更进一步的深入探究。

（二）改进实验的措施

1.扩大实验的范围

要得出更加可靠的结论，我们需要继续观察更大范围的初中作文实施分层异步教学的效果，只有从更大范围来看实施效果，我们的结论才不至于以偏概全。条件允许的话我们应该继续扩大实验范围，以巩固我们的结论。

2.完善实验设计

在收集数据方面本次实验似乎存在一定的缺陷，即没有单独收集到各层学生在实施分层异步教学前后的数据。实际上，只有通过观察各个层面学生在实施分层异步作文教学前后的变化，我们才能更全面地评估在初中作文教学中实施分层异步教学的效果。因此，我们需要完善我们的实验设计，需要收集各层学生在实施分层异步教学前后的数据。如果实验还要深入推进，我们必须要把这个环节做得更好

另外，毋庸讳言，本次实验整体上还是显得有些仓促，还有许多方面的工作有待改进：比如说实验内容的限定、实验评估相关量表的引入、问卷及访谈的改进等等。这些都跟我们自身的研究经验、研究能力分不开，相信如果有机会继续课题研究，我们一定可以做得更好。

3.认真分析有些问题产生的深层原因

学生访谈结果表明：有些学生在实施分层异步教学后对作文的情感态度仍然没有丝毫变化。这个问题很值得研究，一方面我们不要轻易怀疑分层异步教学的实施效果，另一方面我们又必须认真分析问题产生的原因：是我们的实验的严谨性不够，还是学生自身的问题？在没有找到答案之前，我们不好匆忙下任何结论。

4.统计测评工具的改进

这次实验，我们所运用的统计测评工具主要是一些统计检验的公式和

统计特征量公式，再就是Microsoft office 2003软件包。首先，我们对这些工具的使用还不太熟练，这就导致产生误差成为可能；其次，有一些更科学的工具，我们没法获取，也还没有掌握其使用方法，像SPSS软件，如果能掌握更多一些这种资源，也许立论的可靠性就会更强一些。这是我们认为可以随着今后对统计测评工具的掌握以及娴熟运用而得到加强的方面。

（三）实验的基本结论

实验表明：在初中作文教学中实施分层异步教学，可以让语文老师真正地面对每一位学生，面对每一位学生的不同起点和具体情况，从而组织有针对性的教学和辅导；能够有效地从整体上提高学生的作文成绩和兴趣，使各层次学生的写作能力都能得到相应的发展。因此我们认为这种作文教学方式是有效的，具有一定的推广价值。

（此课题成果曾获2014年度东莞市普教系统教育科研成果一等奖）

参考文献：

[1]卞英杰. 试论初中作文的分层次教学[J]. 青海师专学报, 2000(02).

[2]陈华忠. 小学数学分层分类教学的实施策略[J]. 甘肃教育, 2005(04).

[3]陈树逸. 层次教学法在数学教学中的尝试[J]. 数学教学研究, 2002(04).

[4]程文. 分层递进教学的理论与实践研究[J]. 数学通报, 2001(07).

[5]陈学铁、胡秋珠. 小学数学分层教学初探[J]. 校长月刊, 2005(05).

[6]杜春国. 语文异步教学初探[N]. 中国教育报, 2000-12-05.

[7]方洪江. 中学素质教育之有效途径——分层异步并进教学法探微[J]. 教育艺术, 2001(05).

[8]高家福. 分层递进 提高作文教学水平[J]. 湖北教育(教学版), 1999(06).

[9]黄甫全、王嘉毅.课程与教学论[M]. 高等教育出版社，2003年3月第1版.

[10]黄萍. 分层递进教学模式的探索[J]. 小学教学参考, 2001(11).

[11]胡兴宏. 分层递进教学的研究与实践[J]. 上海教育, 2000(07).

[12]胡兴宏、常国宁、李国富、李莉、张鹰、吴建新、高雁. 班级授课制与个别化教学——“分层递进教学”的实验与思考[J]. 上海教育科研, 1997(04).

[13]黄晓春. 实施分层教学 提高教育教学质量[J]. 天津职业院校联合学报,

2006(04).

[14]黄晓颖. 国外分层教学的历史发展[J]. 内蒙古科技与经济, 2004(17).

[15]李逢辉、李逢娟. 在作文教学中实施分层教学[J]. 甘肃教育, 2004(Z1).

[16]李长勤. 新课程背景下分层教学研究[D]. 华中师范大学, 2008.

[17]刘良华. 从“新传统”到“新课程”有多远? [N]. 中国教育报, 2007-8-31.

[18]刘树仁. 试论分层递进教学模式.课程.教材.教法[J]，2004(07).

[19]刘亚兰. 谈小学教学中的分层教学[J]. 湖南教育(教育综合), 2006(10).

[20]黎世法. 异步教育学[M]. 当代中国出版社， 1994年版.

[21]黎世法. 新课程异步教学方法论[M]. 学苑出版社, 2003 年10月.

[22]黎世法. 异步教学论 [M]. 湖北教育出版社, 1989年版.

[23]黎世法. 异步教学的组织形式[J]. 异步教学研究, 2007(01).

[24]刘晓芳、骆毅. 我国分层教学的历史演变[J]. 南都学坛, 2006(02).

[25]马双来. 数学“分层教学”应注意“八性”.甘肃联合大学学报（自然科学版），2006第20卷（04）.

[26]毛长州. 作文的分层教学[J]. 小学语文教学, 2004(01).

[27]秦荃田. “主体分层探索创新”的小学数学课堂教学模式[J]. 山东教育, 2004(Z1).

[28]齐玉慧. 小学数学分层教学的几点做法[J]. 山东教育, 2005 (Z4).

[29]宋国才. 异步教学：课堂成为学生个性化学习场所[N]. 中国教育报,2007.

[30]唐本双. 浅谈作文教学中的分层训练[J]. 零陵学院学报, 2005(02).

[31]唐小双. 帮助数学后进生摆脱困境的思考[J]. 零陵学院学报, 2004(06).

[32]吴宇芳. 分层异步教学中的多项分类[J]. 湖南教育, 2000(16).

[33]吴祚稳. 实施分层递进教学 提高全体学生作文水平[J]. 人民教育, 1998(04).

[34]吴义琼. 异步教学是落实学生主体地位的科学模式[J]. 异步教学研究, 2007(04).

[35]吴献. 中学教育分层教学的研究[J].四川教育学院学报, 2006(10).

[36]王玉华、田霜月. 黎世法教授创立异步教学法[N]. 湖北日报, 2001-10-10.

[37]雄雪梅. 小学数学“分层异步全体性”教学模式[J]. 黑龙江教育, 2001(Z2).

[38]谢惠良等. 改革数学课堂教学组织形式的探索——小学数学“分层异步集体性教学模式”的研究[J]. 山东教育, 1998(23).

[39]杨曼. 分层递进化学教学模式探索与研究[D]. 东北师范大学, 2002.

[40]叶琳. 分层教学的历史、现状及其反思[D]. 内蒙古师范大学, 2003.

[41]袁菲. 高中物理分层教学的实践研究[D]. 上海师范大学, 2008.

[42]于立新. 论分层教学之利弊[D]. 首都师范大学, 2005.

[43]周国春. 作文分层异步教学的探索[J]. 云南教育, 2000(Z2).

[44]章帼. 初中数学分层教学的实践研究[D]. 江西师范大学, 2005.

[45]张杰亭. 高中数学分层教学理论与实践[D]. 华中师范大学, 2003.

[46]张永欣. 论课堂教学中的分层递进策略[J]. 中国职业技术教育, 2003(01).

[47]郑文发、赵复查. 异步教学与教育创新[J]. 韩山师范学院学报, 2005(04).

[48]詹振权. 关于"多层次教学"研究的历史、现状和进展[J].外国教育资料,1989(05).

附录

附录一：调查问卷

1. 学生问卷

初中学生作文学习现状调查学生问卷

亲爱的同学：

你好！我们是《初中作文分层异步教学的实施研究》课题组老师，我们想了解你在作文学习方面的一些情况，答案无所谓对错，真实性最重要。你的答卷也将仅供我们研究之用，绝对不会对你产生任何负面影响，你可以放心地按自身实际情况答卷。你的认真答卷将给我们的课题研究带来极大的帮助，对你的积极认真配合，我们表示诚挚的谢意！

你的基本情况：

你所在的年级：　　　　　你的性别：

以下是对你在作文学习相关方面情况的调查，请你认真仔细阅读题目，结自己的实际情况，在相应的答案前的字母上打“√”。（除特殊要求外，一般为单项选择）

一、情感态度和价值观方面情况调查

1.你喜欢写作吗？

A.喜欢；B.不喜欢；C.不知道

2.你喜欢上作文课吗？

A. 喜欢；B.不喜欢；C.不知道

3.你对自己目前的写作水平和写作能力满意吗？

A.满意；B.不满意；C.不知道

4.你对待老师布置的写作任务，通常的态度是：

A.认真完成；B.不完成 C.不知道

5.如果老师改进作文辅导方式，你愿意改进写作态度吗？

A.愿意；B.不愿意；C不知道

6.对需要持续付出努力才能取得成效的写作训练，你有足够耐心吗?

A.有；B.没有；C.不知道

7.你对自己提高写作能力

A.很有信心；B.没有信心；C.不知道

8.对初中生写好作文，你怎么看？

A.对自己一生成长很重要；B.要求太高没有必要；C.不知道

9.你认为写作能力和人一生的发展有什么关系？

A.有很大的关系；B.没有关系；C.不知道

二、过程与方法方面情况调查

10.你平时的写作训练过程一般是

A.先老师引导再自己动笔完成；

B.自己先写出来，老师评点；

C.自己自主完成

11.你平时的写作训练形式

A.写日记；B.老师布置的作文；C.其他形式

12.你会自己买书看书提高写作水平和写作能力吗？

A.会；B.不会；C.不知道

13.老师不提要求，你会自己练习写作吗？

A.会；B.不会；C.不知道

14.对批改后的作文你的一般做法是

A.只看分数和评语；B.不看；C.看评语进行修改

15.你觉得自己目前的写作

A.有很大的困难；B.没有困难；D.不知道

16.作文时，你遇到的最大困难是

A.没什么可写；B.不知从何写起；C.不知道

17.你认为老师依照怎样的方法指导会比较有效率有效果？

A.全班一个标准统一指导；

B.对不同程度的同学分层次进行指导；

C.逐个个别辅导

三、知识与技能方面情况调查

18.你认为自己已经具备一定的写作知识吗？

A.是；B.一点也不具备；C.知道得很少

19.没有老师指导的情况下，你能够自己审题作文吗？

A.能；B.有很大的困难；C.不能

20.一般考试作文，你是如何完成的？

A.仔细审题认真思考完成；B.想到什么就写什么；C.基本不写

《初中作文分层异步教学的实施研究》课题组

2008年12月25日

② 教师问卷

初中学生作文学习现状调查教师问卷

尊敬的同事：

您好！我们《初中作文分层异步教学的实施研究》课题组想了解您的作文教学以及您的学生作文学习方面的一些情况，答案无所谓对错，真实性最重要。您的答卷也将仅供我们研究之用，绝对不会对您产生任何负面影响，您可以放心地按您和您的学生的实际情况答卷。您的答卷将给我们的课题研究带来极大的帮助，对您给予我们的积极配合，在此我们向您表达最诚挚的谢意！

您的基本情况：

您所任教的年级________您的语文教龄_____年

以下是对您的作文教学以及您的学生作文学习情况的调查，请您认真仔细阅读题目，结合您和您的学生的实际情况，在相应的答案前的字母上打“√”。（除特殊要求外，一般均为单项选择）

1.您对您所教的班的作文教学工作满意吗？

A.满意；B.不满意；C.没想过

2.您觉得目前制约学生作文能力提高的最主要因素是

A.学生自己；B.老师；C.家庭和社会风气

3.您觉得学生作文困难从学生的方面看，主要问题在

A.学生思想上不当回事，不愿下功夫写作文；

B.学生基础不好，没信心写；

C.生活单调，没东西写

4.您的作文教学时数在整个语文教学时数中所占比例（以周课时每班五节计算）

A.五分之一以下；B.大约五分之一；C.四分之一以上

5.您作文课的形式主要是

A.课堂讲提要求，课堂练；B.课堂讲提要求，课后练；C.先练后讲

6.您训练学生写作的主要形式是

A.大作文（规定任务）；B.小作文、片段作文、随笔日记等；

C.以上形式都有，说不清

7.您觉得您目前的作文教学有效吗？

A.有效；B.没效；C.不知道

8.每学年您布置或者督促学生完成的写作训练量大概在

A.17000字以上（含17000字）；

B.15000字—17000字；C.15000字以下

9.从老师角度看，您认为目前学生写作训练量

A.非常不够；B.差不多；C.有点多

10.您批改学生作文的方式主要是

A.全批全改、抽样批改；B.学生互改；C.以上形式都有，说不清

11.您怎样批改学生的作文

A.每篇精批细改；B.大部分精批细改；C.小部分精批细改

12.您每篇作文批改用时情况：

A.3分钟以下；B.3—10分钟；C.10分钟以上

13.您觉得自己作文批改的任务

A.太重；B.一般；C.很轻松

14.您觉得自己目前的作文批改形式有效吗？

A.有效；B.没效；C.不知道

15.您觉得在提高学生写作能力方面老师的作文教学工作有多大的改进空间

A.有很大空间；B.没有什么空间了；C.要看整个教育的大环境

《初中作文分层异步教学的实施研究》课题组

2008年12月25日

附录二：初中作文分层异步教学课例

课题：《作文教学专题——学习对话描写生动形象地刻画人物》

【教学设想】

学生作文中常常存在叙述多对话少、内容呆板、枯燥的毛病，本专题的设计就是想通过对话描写的教学，改变这种现状，让各层次同学不同程度地掌握对话描写的方法和技巧，初步具备运用对话描写生动形象地刻画人物的能力。

【分层教学目标】

1.基础层同学：能正确运用对话描写形式，进行人物对话描写。

2.发展层同学：能正确运用对话描写形式，并能以对话为主，综合运用多种描写手段来写人。

3.提高层同学：能自如运用对话描写等多种手段，围绕一定中心，写出人物个性。

【教学步骤】

1.问题导入

老师提问：你会在作文中运用对话描写来写人吗？

2.结合学生回答，引起学生对对话描写的关注，顺势推出对比阅读材料——《诱惑》。

【文段甲】

一位小学生在游戏厅门前走过。

老板说："小同学，来玩游戏机的吧？怎么不进去呀？"

小学生说："我，我爸我妈不让我玩，说游戏厅是个陷 阱，掉进去就出不来了……"

老板说："嗨，哪有的事啊！你看，里面都是学生，游戏厅要真是陷阱，还不早就关门了？玩游戏机，健脑！”

小学生说：“可是我也没有带多少钱呀，还是算了。”

老板说：“没关系，小哥们儿，今儿个我请客！”

小学生说：“那……”

老板说：“这有什么，下次你给我带来不就得了！”小学生犹豫再三，还是走进了游戏厅。

老板自言自语道：“哈，又俘虏了一个……”

【文段乙】

一位小学生在游戏厅门前走过。老板见状，满脸堆笑，忙招呼他说：“小同学，来玩游戏机的吧？怎么不进去呀？”

“我……我爸我妈不让玩，说游戏厅是陷阱，掉进去就出不来了……”

“嗨，哪有的事啊！”老板一副被冤枉的样子，“你看，里面都是学生，游戏厅要真是陷阱，还不早就关门了？玩游戏机，健脑，让你更聪明！”

那小学生似乎有些心动：“可是我也没有带多少钱呀，还是算了。”

“没关系，小哥们儿，今儿个我请客！”

“那……”

“这有什么，下次你给我带来不就得了！”老板带着一脸得意，边说边把小学生拖进了游戏厅。

“哈，又俘虏了一个……”老板自言自语道，脸上露出一丝不易察觉的狡黠的笑。

3.通过对比阅读，引导学生对对话描写进行思考，引导学生发现规律。

4.结合学生讨论小结：

（1）好的对话描写，是围绕一定中心而写的。

（2）好的对话描写，能表现出人物的身份、地位、经历、性格、心理等，可以让人物个性鲜明、生动鲜活。

（3）好的对话描写，常常配合着人物的神态描写、语气描写、动作描写等。

（4）对话描写有一定的形式。

5.进一步明确对话描写的基本形式。

第一种对话形式：

甲：“……”

乙：“……”

第二种对话形式：

“……”甲。

“……”乙。

第三种对话形式：

“……”甲。

“……”乙“……”

第四种对话形式：

“……”

“……”

提醒学生注意：在实际应用的过程中，我们往往是在同时综合使用几种不同的对话形式。

6.再举例子强化学生对对话描写规律和技巧的认识。

再看一个例子：《班门被踢坏了》。

【文段丙】

门被打坏了，开了一个拳头大的窟窿。

班主任来了，问：“谁踢坏的？”

捣乱鬼董小天说：“没看见。”旁边的张小勇还帮董小天说话。

高芳芳说：“是董小天踢的。”

董小天不承认。

老师说：“别吵了，还有谁看见了？”

“没看见。”李星说。

【文段丁】

门被打坏了，开了一个篮球大的窟窿。

班主任来了，瞪着眼：“谁踢坏的？”

捣乱鬼董小天斜着眼，冷笑着：“鬼知道，又没有人叫我看好门。”

旁边的张小勇，朝老师做了个鬼脸：“哈……，开了窗，好通风。”

谁知这一下却惹恼了站在旁边的高芳芳。

“是董小天，他来时，一阵风正好把门关了，他就抬起脚，用力一踢。”

那个捣乱鬼脚一跺：“我说你这个小丫头，别白天说梦话！你小心点，不要诬陷好人！”

“我才没瞎说呢，大家都看见了。你凭什么，做了坏事，还要狡辩。”

老师说：“别吵了，还有谁看见了？”

“我，……没看见。”李星使劲地咽了一口口水，神情恍惚。

7.进行分层异步定标练习

根据所设置的情境，进行对话描写训练。

情境：考试后，你跟爸爸（妈妈）的一次谈话。

分层异步训练要求：

基础层：能正确运用对话描写形式，进行人物对话描写。

发展层：能正确运用对话描写形式，并能以对话为主，综合运用多种描写手段来写人。

提高层：能自如运用对话描写等多种手段，围绕一定中心，写出人物个性。

8.教师分层异步指导。

9.师生分层异步点评练习。

10.课后分层异步巩固练习

根据如下设置的情境，进行对话描写训练。

情境：老师和你的一次谈话。

训练要求：

基础层：能正确运用对话描写形式，进行人物对话描写。

发展层：能正确运用对话描写形式，并能以对话为主，综合运用多种描写手段来写人。

提高层：能自如运用对话描写等多种手段，围绕一定中心，写出人物个性。

课题研究

浅谈初中作文分层教学中的分层艺术

在实施初中作文分层教学的过程中，把握分层的艺术是至关重要的一环，否则我们有可能前功尽弃或者得不偿失。那么我们该如何把握这种分层的艺术呢？结合我们《初中作文分层异步教学的实施研究》课题的研究实践，我们有如下几个方面的启示。

一、把握原则的艺术

要把分层教学引导到一个科学、民主的方向上来，我们必须先确定一些分层的原则，否则，非但教学不能取得成功，还很可能把问题搞复杂。那么该如何确定这些原则呢？这就要靠我们细致的调查研究。通过细致的调查研究，在课题实践中我们确定了如下一些分层的原则。

（1）严格制定分层依据。要对一群未成年的学生进行分层，我们要考虑的因素很多。其中最重要的就是要考虑到符合学生健康成长的要求。所以我们的分层依据一定要非常科学民主，否则分层非但没有意义，反而还会影响学生的健康成长。在实验推进之前，我们就围绕分层问题展开了探讨，我们找到了刘京海先生的分层模板，明确提出把“成功教育理论”作为我们分层的科学依据。

（2）充分尊重学生意愿。我们在分层之前进行了普遍的调查，根据摸底征求的学生意见，再综合权衡，落实分层细节。在公布分层名单之前，再逐个征询意见，确认无误后，正式确定分层。整个过程充分尊重学生意愿，保证学生充分参与。

（3）保持系统动态平衡。为激励学生，帮助学生实现成功，也为教学组织的有序和有效，我们对学生分层定期进行调整。对于进步明显的学生，我们及时对其进行鼓励，让其进入下一层次学习。而对于暂时学习存在困难的学生，我们也注意调整其学习目标，让其暂时进入低一层次学习，各层学生动态流动，从而在全班形成既有竞争也能保持层次基本稳定的有序又充满活力的学习生态系统。

二、精心操作的艺术

（1）分层对象的选取。我们在本校初中部的七、八、九年级的各种条件非常相近的自然班中随机选取一个班或者两个班作为实验对象，而把条件相近的另一个班或者两个班作为实验对照班。我们对实验班的学生进行分层。

（2）分层的具体操作。按照既定的分层原则，我们以成功教育理论为依据，以学生自愿为前提，以老师掌握的学生实际水平为基础，把每个班学生按认知能力、学习能力和愿望态度等具体情况分为分基础层、发展层、提高层三个层次（各层人数比约为1:2:1）异步组织教学，随着教学进程的推进和学生能力水平的变化，学生可以在三个层次之间流动，即基础层的学生可以进入发展层甚至提高层，而提高层的学生也可能因为能力水平不济等原因而进入发展层，各个层次学生的人数呈动态变化。

（3）分层与小组学习相结合。为加强不同层次之间学生的交流和互相学习，同时也为了减少分层给不同层次学生带来的心理影响，我们有时会把分层与小组学习结合起来，这样既能体现分层异步教学的优势，又尽可能克服其弊端，让所有学生都能在一种轻松愉快的环境中快乐学习、健康成长。

三、分层座位设置的艺术

在传统教学中，我们的座位设置往往比较随意，甚至有时还带有点奖惩性质。小小的座位设置，往往引起学生心中强烈反应。究其原因，乃是座位设置变成了老师手中一种区分优劣、奖优惩劣的手段。

在我们的初中作文分层异步教学中，我们改变了这种为区分优劣而进行的座位设置导向。我们的座位设置绝不以奖惩为目的，而根据分层异步教学需要，及考虑到学生之间的交流讨论以及互相学习的方便。正因为如此，我们的这种座位设计能在一定程度上减轻学生的心理负担，方便了学生学习，也让他们享受到了互相学习的乐趣，所以我们的实验得到了同学们的欢迎和拥护。“一切为了学生，为了一切学生。”我们所探索的作文分层艺术，正是为了践行这一理念。正是因为采取了这种艺术化的方法，在其他学习竞争中容易出现的一些问题，在我们的课题实践中，完全没有发生，我们的探索取得了令人满意的效果。

2013年6月

（此论文入选国家教师科研基金管理办公室编撰的会议论文集《国家教师科研专项基金科研成果语文建设卷2》）

找到升格作文教学的“支点”

——基于元认知理论的作文教学实践探索

【摘　要】有研究表明：导致学生学习成绩差异的主要原因在于元认知差异。从作文教学的角度看，导致学生作文能力差异的主要原因也在于元认知差异。文章把元认知理论引入到作文教学中，从元认知知识、元认知体验和元认知监控三个方面，提出了改进作文教学的策略和措施，努力探索符合当下作文教学实际的正确路径。

【关键词】元认知　理论　作文教学　实践

一直以来，笔者都对作文教学投入很大的精力，一直在苦苦思考走出困境的方法。无奈，视野和阅历所限，很多年来，除了一腔热情之外，几乎一无所获。近些年，我开始比较专注比较系统地接触到一些新的理论和思想，又开始有意识地进行一些作文教学方面的探索。于是渐渐深入到把分层教学、异步教学、元认知理论引入到自己的作文教学实践中来，正在形成自己一套比较成熟的元认知作文教学实践体系。

一、传授正确的元认知知识

（一）上好首课：人为什么要写作？

这些年，每接收一届新的学生，我的第一节作文课必定是认真地跟学生探讨一个话题：人究竟为什么要写作？

我们大人很清楚：写作是为了表达自己、发展自己的思维，甚至为了谋生，为了成就梦想。但是小孩子他不一定清楚或者不一定理解。有些同学认为，作文是老师布置的作业，所以要写作；也有些同学认为，因为要考试，所以我们要写作文。有些人甚至提出异议：表达自己用口说不就得了吗，为什么还一定要写呢？如此等等。

他们的观点存在一定的片面性甚至错误，作为老师，我们应该引导他们，提高他们对写作的认知水平，让他们理解自己所进行的活动的意义所在，引导他们在写作过程中实现自我约束和自我监控。

（二）正本清源：作文究竟是什么？

我们经常要求学生写作文，可是或许连我们自己都不一定清楚：作文究竟是什么呢？按我的观察，在很多学生看来，作文就是一个任务，就是一个按老师的要求要用文字完成的任务。我们要引导学生认识到：作文不仅仅是一个任务，它更是我们的一段故事、一些思考、一种情愫、一份幻想，它就是我们生活的全部。于是读书、学习、交往、旅行、回忆、思考、幻想、亲情、友谊、天空、大地等等莫不成为写作的素材。

当他们把作文外延延伸到全部生活的时候，当他们接受了或者是理解到了生活就是作文的时候，当他们真正懂得了“作文究竟是什么”的时候，恐怕就再也没有人去整天抱怨没有东西可写了。

弄清“作文究竟是什么”，让学生对作文的认知上升到一个恰当的高度，虽然有点难以捉摸，但离我们并不遥远，甚至它就在我们身边。

（三）策略引领：从“授人以鱼”到“授人以渔”

以前，发现学生不会选材，好，我就告诉他选材需用什么方法；发现学生不会构思，好，我就教他构思要用什么方法。结果我发现：即使学生笔记做得再好，甚至亲历了一些活动，也仍然不能写出或写不好作文。为什么是这样的结果？从元认知的角度来看，这是因为纯粹的技法教学没有办法让学生对认知策略有切身体验并进而掌握运用它。从学生角度来说，他们需要的往往不是一般性的策略，而是元认知策略。

所以，我们就要对学生作文进行具体的元认知指导，不是告诉他这篇作文怎么写就完，而是还要告诉他该学会怎样去审题，怎样去确立中心，怎样去围绕中心选材、组材，怎样去修改作文等等，正所谓“授人以渔”。

二、激发开掘个性化的元认知体验

（一）唤醒：跟学生一起分享自己的生活经历和身边的故事

不同的人情感体验本来是不相同的，但在生活中，学生中间普遍存在一种“从众心理”。在这种心理的作用下，学生作品通常容易趋同。如何让学生在写作过程中产生自己的特殊情感体验？我的办法就是跟学生一起分享自己的生活经历和身边的故事。

比如：很多人以为出门旅游一定是令人高兴的，我就给他们讲了自己在旅游途中种种不堪忍受的经历，引导他们表达自己，写出自己的真实体验。我还经常用一个写作案例引导他们。以前一个学生游“长隆野生动物园”，在经历了排长龙的漫长等待之后，悻悻离开的他发出了“怪不得这儿叫‘长隆’，原来是要排‘长龙’的呀！”的感慨。

又比如：学生写叙事性的作文总是平铺直叙，很难写出故事性。我就给他们讲自己曾经的一段在火车上丢钱包又找回来了的特殊经历，学生津津有味地听着我娓娓道来的故事，慢慢品味出了“故事性”，很多人即刻就会仿效老师的方式写起自己的故事来。

当我们的作文教学不断“唤醒”学生对生活对作文的体验的时候，学生的体验就会日益变得丰富起来、变得独特起来、变得富有个性起来。

（二）激趣：让写作成为学生心中乐事

在以考试为导向的当下，写作的确很难成为乐事。为什么？因为学生成天被人牵着鼻子走，没有一点自主。考试按指定题目作文，平时也按指定题目训练，学生所写很多时候不是自己心中所思或者切身体验，而是硬着头皮去写、去练。日复一日，年复一年，对写作产生厌倦情绪，其实真不是什么奇怪的事。

要把学生从这种怪圈中解脱出来，我们唯一能做的就是顺应学生的心理特点和兴趣爱好，让他们自主写作，写他们所想写。开展写作竞赛，看谁技高一筹；自己命题作文，自己来当老师；把握热点话题，开展写前讨论；尊重创意表达，寻找创意达人；优秀作品结集，看谁最有成就。总之，想尽千方百计，激发学生对写作的兴趣，让写作成为学生心中乐事，正是我的工作。

三、实施有效的元认知监控

（一）实施分层异步教学：让各层学生各有目标、各得其所、自我监控、自主调节

2010年，我开始在作文教学中引入分层异步教学理论，并主持展开了相关课题研究。我们的目标很清晰：从流动分层到分层定标到分层互改，我们要闯出一条作文教学的新路——让学生自我监控、自主调节，最终完成自主写作。

目前课题已经进入深入探索d我们仍然在不断完善自己的体系，在不断调整适用范畴，在不断增强竞争性。

（二）强化过程监控：全程跟踪监控学生的写作过程

从元认知角度来透视，作文过程并非简单地对审题、立意、选材、构思、表达、修改的认知过程，而且同时也是一个对该过程进行积极监控、调节的元认知过程。在作文教学过程中，我们往往喜欢简单化地处理，把一篇作文的题目抛给学生就算，至于学生怎么写出来，一般我们不大关注。在元认知理论指引下，我对初中学生的写作过程进行全程跟踪监控，尤其注意对构思、写作、修改这三个关键阶段的监控。

构思阶段：我首先强化“读题”意识。我要求学生用笔指读题目，以期学生对题目的大小、范围、关键词有准确了解。其次，我还探索安排了一个“群议”环节，就是在小组内安排组员对每个人的构思进行评议：可行不可行？构思不可行时，是推倒重来还是组织重新修改？构思可行的话，提纲列得好不好？提纲列得不好的话，我们又该如何修改？

写作阶段：我们主要是监控作文前指导的贯彻落实工作，并在此基础上循序渐进地对学生提出更高一些的要求。每次作文之前，我们都要安排适当的作文前指导，强化审题意识，引导学生确定立意、打开思路，然后逐渐增加难度。比如：七年级上学期一开始，我们就落实叙事训练，强调“六要素”等基本叙事要素的交代；接着就开始提出恰当运用叙事顺序；到七年级下学期就开始要求学生能综合运用多种表达方式。

修改阶段：学生的作文须过三关即“自我质疑”关、“小组质疑”关、“老师质疑”关。三关之中最严厉的当属“老师质疑”关了。这一关过不了，是要重写的。自己监控、同学帮助监控、老师帮助监控，三管齐

下，学生对作文修改的认知水平自然会得到较大提升。

（三）举行达标竞赛：强化学生自我监督的自觉性

对全班学生的作文能力进行评估以后，我按照分层异步教学的原则对学生进行分层定标、开展对手竞赛，表扬奖励达标者和竞争优胜者。学生有明确的目标，有表扬奖励的刺激，有对成功的期待，就会认真监督自己的写作行为，就会自主提高写作水平。这个时候，我的有效元认知监控就基本实现了。现在我的学生基本上没有不交作文的了，一些同学甚至经常把额外完成的习作交给我点评。

有了元认知理论的指导，我感到我的作文教学思路越来越清晰，研究越来越深入，训练越来越系统，效果也越来越好了。元认知理论，真正为我打开了一扇作文教研之门。

专题研究

任其“鸡肋”，还是涅槃重生

——关于初中词语教学的几点思考

【摘　要】初中词语教学，客观地讲，这些年来已经弱化到了让我们语文老师感到痛心的地步，成了名副其实的“食之无肉，弃之有味”的鸡肋。初中词语教学，为什么会出现这样一种“窘况”？文章结合日常观察和教学实践，从现象谈起，深入探讨了问题产生的根源，对语文新课程标准进行了深入解读和剖析，最后还结合词语教学实践提出了对策。

【关键词】初中词语教学　现象　溯源　对策

一、现象：初中词语教学已成“鸡肋”

当前的中学语文教学，存在严重弱化词语教学的现象。这从各级各类的公开课上，就完全可以看得出来：为了节省时间，体现课堂的高效，有的上课老师干脆把词语教学的环节忽略掉，以便留出足够的时间给学生“自主”学习，留出足够的时间来演绎早已设计好的精彩“桥段”；有的上课老师稍微顾及到教学的完整性，也就是安排课前预习，课上检查一下词语拼读而已。日常教学中，受课时的制约，很多老师往往也是既不愿意也不敢花太多的时间去组织富有个性的有效的词语教学。

弱化词语教学的直接后果就是学生的词语积累非常不够，连基本表达都显得相当困难。凡涉及主观表达，错别字就很多，词不达意的现象比比皆是，低年级的学生如此，高年级的学生也一样。

二、溯源：主观客观原因相互作用

为什么学生进入初中以后，我们的语文课堂就弱化甚至放弃了词语教学呢？要弄清楚这个问题，我们不能不关注一下《义务教育语文课程标准》。

无论是2001年版还是2011年版的课程标准，都只提到“识字与写字”教学。至于“词语”教学，则提都不提。其中，《义务教育语文课程标准（2001年版）》第四学段（7—9年级）“识字与写字”的要求如下：

1.能熟练地使用字典、词典独立识字，会用多种检字方法。累计认识常用汉字3500个，其中3000个左右会写。

2.在使用硬笔熟练地书写正楷字的基础上，学写规范、通行的行楷字，提高书写的速度。

3.临摹名家书法，体会书法的审美价值。

《义务教育语文课程标准（2011年版）》第四学段（7～9年级）“识字与写字”的要求如下：

1.能熟练地使用字典、词典独立识字，会用多种检字方法。累计认识常用汉字3500个左右。

2.在使用硬笔熟练地书写正楷字的基础上，学写规范、通行的行楷字，提高书写的速度。

3.临摹名家书法，体会书法的审美价值。

4.写字姿势正确，有良好的书写习惯。

《义务教育语文课程标准》不提“词语”教学，那是不是“字”的教学就可以代替“词语”的教学呢？让我们先来看看“字”和“词”之间究竟是一种什么样的关系。

关于汉语中字与词的关系，当前学术上主要有两种观点：一种是认为汉字不仅是书写符号系统，它还是汉语的基本语言单位；另一种是受西方语言学的影响，认为汉字仅是汉语的书写符号系统，不是语言的构成要素。

黎锦熙、吕叔湘、王力等前辈已达成的共识是：字是文字单位，词是语言单位，字是记录语言的书写符号。

现代语言学理论认为：字属于书写符号系统，而词属于语言符号系统。字与词的关系实质上是文字和语言的关系。

不探讨不知道，原来“字”和“词”之间的关系如此复杂!《义务教育语文课程标准》不提“词语”教学，原来跟我们对“字”“词”关系的理解有关。连对提出“词语”教学都感到羞羞答答，对“词语”教学的态度当然就可想而知了。可见，弱化词语教学，跟《义务教育语文课程标准》还是有非常直接的关系。

出现弱化词语教学的现象，当然也有一些是我们主观方面的原因。我们许多老师可能认为词语教学是小学的事情，学生进入中学以后，主要任务是培养读和写的能力。受这种思想观念的影响，我们在语文教学中有意或者无意地忽视词语教学，也就成了理所当然的事情了。

出现弱化词语教学的现象，还有一些出于应试的现实考虑因素。有的老师认为，词语教学需要耗费大量的时间，而考试中直接考查的也就几分，从教学效益看，耗费大量的时间为拼那几分，很不经济。

三、对策：校正认识强化词语教学

词语教学难道真的成为了我们中学语文课堂教学的“鸡肋”？

我认为完全不是这样的。

首先，从现实情况来看，《义务教育语文课程标准》和统编教材事实上都没有放弃词语教学。

我们统编教材的现代文部分每一课的后面，都专门辟有词语专栏《读读写写》。从这里我们可以看得出来，虽然在理论上有些纠结，但统编教材并没有抛弃词语教学的意思。

《义务教育语文课程标准（2011年版）》对“课程性质”的提法有了一个比较大的变化，认为“语文课程是一门学习语言文字运用的综合性、实践性课程”。这就是说，“语言文字运用”仍然是我们语文课程的核心。那“语言文字”是什么？按照我们对“字”“词”的理解，最基本的当然就是“字”和“词”。可见，口头上不说，但心里面《义务教育语文课程标准（2011年版）》并没有忘记“词语”教学。

其次，从考试招生方面来看，学生在语文学习方面尤其是字词学习方面所暴露出来的一些问题，也必然会反映到考试上，不断加大语言文字运用包括词语的考查力度，应该会成为今后考试的一种必然趋势。

我们已经看到学生主观表达方面摇摇欲坠的现实图景，看到了《义务教育语文课程标准（2011年版）》为此所作出的努力，我们还有什么理由任由词语教学在初中语文教学的课堂上被弱化？我们必须强化词语教学！

那么，我们该如何在中学语文教学中来强化词语教学，让中学词语教学涅槃重生呢？

（一）我们要充分理解《义务教育语文课程标准（2011年版）》关于语文“课程性质”的新提法

“语文课程是一门学习语言文字运用的综合性、实践性课程。”要充分认识“词语”在培养学生“语文素养”方面的奠基性地位。有了这样一些深刻的思想认识，我们才能够在工作中不厌其烦地去作出自己的努力。

《义务教育语文课程标准（2011年版）》关于语文课程性质的新提法，既强调了语文课程就是学习语言文字运用的课程，又强调了语文课程是综合性、实践性的课程。这种新提法，表明改革设计者已经意识到了某些问题，并正在一定程度上进行“纠偏”，这就告诉我们，弱化或者放弃词语教学绝对不行！

“词语积累”是学生“语文素养”的基本支撑之一。已故著名语文教育名家陈钟梁先生曾说：当代中学生文化底蕴怎么样，某种程度上可以从他的字、词、成语掌握多少来衡量。我非常赞同陈钟梁先生的看法，因为他敏锐地感觉到了字词积累的重要并表达了他对当前的中学语文教学的深深忧虑。没有字词积累的扎实根基，学生的语文大厦就建不起来。重视“词语教学”，就是在尊重词语学习在培养学生语文素养方面的奠基性地位。

（二）加强词语教学的教学研讨，让多彩的词语教学成为初中语文课堂的亮丽风景

词语教学成为“鸡肋”，应该跟我们僵化的词语教学方式有一定关系。用一成不变的强硬灌输的方式来进行词语教学，只会让学生反感，效果自然不会好。

这方面，其实初中老师要向小学老师学习。很多小学老师在字词教学方面很有心得：比如说用讲故事的方式学词语；比如说用研究词根的方法来理解词语；比如说用一些词语来串成一段话，在运用词语的实践中学习

词语；比如说用赛词语的方式激励学生多掌握词语等等。

其实，初中阶段，词语教学应该可以更有活力。因为学生的理解能力、感受能力都提高了，可以运用更多的形式来增加词语教学的魅力。我就有过这样的经历。

教“清冽”一词时，笔者就联系到自己当年高考的一段故事来进行教学，效果相当不错。当年因为平时没有特别留意过，轻易地认为试卷中“清冽”的“冽”是错字，从而选错一个答案，遗憾地失去3分。接着教学生观察两个词的细微差别，通过两个词的词根“冽”和“洌”去理解意思差别，学生们听得津津有味，学得也津津有味，在学会这两个词的同时，还懂得了学习来不得半点马虎的道理。

在教学“尴尬”一词时，我联系到央视的一个节目，也算是别有新意。央视曾经就写“尴尬”一词在街头进行调查，结果十有八九不会写，连大学老师都不能幸免。这样一渲染之后，学生们个个摩拳擦掌，跃跃欲试。结果果然是没几个学生可以写对。很多学生把无点“尤”字写成“九”字。经过现场改正，此后再写错这个词的学生就真的不多了。

一次到深圳学习，听深圳名师张宏老师的课，感觉那节课上得真好！其中词语教学的部分令我印象十分深刻。那节课上，她点了几个同学上黑板去听写词语，写完不算还要试着解释，写错了再点同学上去改正，解释错了，点同学帮忙；又改错了，再点同学再改。学生犯错变成了一次次很好的纠错机会，学生再犯错误的机会就大大减少，这也是一种非常实用并且参与性很强的形式，我觉得这样的词语教学才有生机和活力，效果才会好。

如何让初中词语教学成为语文课堂教学的一道亮丽风景？我期待着有更多的词语教学研讨活动，让大家能够互相学习借鉴，共同提高词语教学水平。

（三）重视通过丰富多彩、生动具体的实践活动，提高学生语言文字运用的能力

“词语学习”并不一定要局限在课堂上学习。阅读中、生活中处处皆可进行词语学习。

比如组织词语书写的书法比赛，把词语教学跟书法教学结合起来，通过组织展出，让学生感受到方块字的美、书法的美，让学生在享受美的过

程中，学会认真对待词语学习。

还有组织作文竞赛、阅读竞赛、演讲比赛、中华经典诵唱比赛等等，老师指导学生锤炼词语、理解词语、组织主持词，组织演讲稿等等，这些过程无不关系到词语运用。学生长期在这样一些语文实践活动中浸染、洗礼，很自然地就完成了语言积累的任务。

在学校举行的一次中华经典诵唱活动中，节目主持人在每一个节目表演完毕以后，总会说一句："这个节目表演完了，请评委们为他们打分，下面请×号选手上台表演。"

表演结束以后，我就问那几个主持人：是说"表演完了"好还是"表演完毕"好？大家都不出声，想了一会，大家都觉得说"表演完毕"好。为什么呢？词语不是还有个雅俗之分吗！显然他们是懂的，他们只是欠缺这样的一次点拨而已。我想经过这样的一次实践，他们以后一定会注意到：不同的场合，用词应该有所区分。

叶圣陶先生在《语文教学二十韵》中说："一字未宜忽，语语悟其神"；著名的语言学家张志公先生也曾提出："无论是阅读还是作文，首要的是字词。"他们以不同的方式，都表达了对字词教学的重视态度。而李海林教授更提出：语文老师的一个重要职责，就是带领学生"沉入词语的感性世界"。这些语文名家都在呼吁我们带领学生走进字词的世界。现在"识字与写字"教学早已写进了《义务教育语文课程标准（2011年版）》，那我们还有什么理由不强化词语教学，让词语教学焕发新的生机和活力，为学生的语文核心素养提高夯实根基呢？

教育观察

语文课堂：动好？静好？

一日听完课，听到一位老师评课：这堂课学生像打了鸡血一样，这么亢奋，下一节课还怎么上啊？

是啊，学生都被这么调动起来，又是师生互动，又是分组讨论，又读又演，一节课下来课堂着实热闹，感觉到所有人真的都“动”起来了。只是，这样的“动”，究竟是不是好事呢？

又一日，听了一堂比较安静的语文课。老师导入，提出问题。然后便是学生默读、看书、思考，为不打搅学生看书，老师甚至只是站在讲台上，在上面静候了15分钟之久。我看到后面有的听课老师都要打瞌睡了。到提问的时候，老师也是不紧不慢，仔细听学生思考和表达，没有掌声如雷，没有分组讨论。与之前比较震撼的那节课比较起来，真是感觉无甚亮点。

这时，我又听到了一种声音：这样静静地上课，其实也蛮不错的哈！

什么情况啊？这么看问题，大家都给弄糊涂了。

课堂充满激情而又高效，学生活动充分，思维异常活跃，这难道不是我们很多语文人所追求的样子吗？现在的许多公开课不都是这么热闹的吗？

课堂静悄悄，老师慢悠悠，学生也没有什么热烈反应，这样的课不是我们一直所痛恨的传统语文课吗？它怎么“也蛮不错”呢？

回到问题本身，这还真的是个问题：语文课堂，究竟动好还是静好？

语文这个学科有其特殊性，真真正正的语文学习，其实是一种走心内化的学习。热闹的学习，的确好看很多！可是吵吵闹闹之后，学生真的学得那么好吗？

我倒以为，真正的语文课堂要回归到静的状态来，只有静下来了，学生才能进入真实的学习情境中，学习才能真正地入脑入心。

可是静得出奇的语文课堂，又如何保障大家的思维能够被点燃？又如何避免像我们听课老师一样打瞌睡的情况出现？

看来，这还真是个需要我们认真思考和对待的问题。不过，换一个角度看，我们可能更加看得清楚问题所在了。

我们暂且不说有没有表演的成分，单说学生激情了一节课之后，他们还能持续激情一上午，激情一天，激情一周吗？如果每个老师都这么“竭泽而渔”地一节课把学生的精力都耗尽，学生又该如何支撑接下来一天的学习、一周的学习？这样看来，语文课还不只是语文课的问题，它还涉及学科协调平衡的问题。

原来，语文课还不仅仅是动好静好的问题！动好还是静好固然要我们费思量，涉及学科协调平衡的问题更需要我们站到更高的层面去理解。

这么一想，倒是这不好看、不好听、安安静静的语文课，从某种意义上来说恰恰是在尊重教育规律。这个就有趣了！

不知有没有同仁，亦如那位欣赏静静的课堂的老师还有我一样，能给静静的课堂多一点点宽容呢？

2017年10月

作文教学要走正道

这边我们语文新课程改革正稳步向前推进，大家都在欢欣鼓舞；那边广东的高考语文评卷组组长却连续两年向我们发出警告：不要忽视学生的基本功训练！他这话当然也包含着对我们作文教学的一些忠告。我想，面对目前的作文教学现状，我要说：走正道，我们的作文教学才有出路！

2004年广东高考评卷工作即将结束的时候，评卷组组长就曾表示：今年作文有个突出现象，片面追求辞藻文句的花哨而实质内容贫乏空洞，一些表述或比喻看似生动活泼，实则毫无道理，如什么“耕牛的刻苦是它的语言，骆驼的忍耐是它的语言”，什么“细细倾听雄鹰的呼叫声，那是鹰的语言，是雄鹰与高空的沟通”，什么“用语言支撑沟通飞翔”等等，都十分令人费解，这种“语言”本身就很难与大家“沟通”；有的考生刻意大量引用古人诗句或历史故事却与作文题意南辕北辙。这种华而不实的文风应予纠正。……高中阶段议论文的写作非常重要，但近年高考卷很少见到高水平的议论文。一些学生连一个简单的道理都不能讲清楚却热衷于去抄录一些花花草草的文句，这不能真正提高作文水平。这种倾向必须引起注意。

可惜这次呼吁并未引起我们足够的重视，2005年广东高考评卷工作中，类似的问题同样存在。在评卷期间举行的媒体通报会上，评卷组组长再次表达了类似看法，他说：今年的作文以“纪念”为话题本应不是难事，但总体情况并不理想。考生追求华丽辞藻和滥用排比句，或者把事先准备好的古人材料堆积成篇，但内容空洞、苍白、失实，缺乏自己对生活的真切感受。此外，数百份试卷空白或完全跑题，有些学生甚至抄袭网上流行歌曲、诗歌应付了事。建议中学语文教学一定要把基础知识的训练放在首位，不要引导考生投机取巧猜题、准备作文材料，应该引导学生学会观察生活。

不单高考评卷反馈的情况是这样，我们许多的中考评卷老师也深有同感：许多学生作文不去追求立意的深刻，不去追求对生活的真切感受，盲目地追求华丽的辞藻、盲目地追求形式的新奇怪异；有的还一个劲地把事先背好的文章胡乱往题目上套，更有甚者就用试卷中的现代文阅读文段来蒙混。

出现这样的情况，责任当然不全在我们的语文老师身上。但就我个人的观察，我认为，说出现这样的情况跟我们语文老师完全无关也是讲不过去的。学生的答卷从某种程度上说就是一面镜子，他映照出的正是我们老师平时教学的点点滴滴。

还是拿作文教学的情况来说吧。

我们有的老师或平时疏于对学生进行系统的针对性的基础训练、疏于对学生的写作进行有效指导，或迫于种种压力要出成绩，到考试前就常常采用一些非常规的办法来指导学生。比如，有的老师就在考前印发一些各方面的名人名言、好词好句给学生背；有的老师甚至干脆就选印一些优秀作文给学生看甚至背。老师这样做，你不就是告诉学生怎么做了吗？那考卷上出现名人名言满天飞、似通非通的比喻句泛滥成灾、没有血肉的华丽辞藻胡乱堆砌的情况还用得着大惊小怪吗？

也有些长期奋斗在中考、高考第一线的老师，百炼成钢，所以在指导学生作文时总是一套一套的。譬如有的老师就指导学生第一段要用排比句式开头；要多用比喻句使表达生动有文采；要在文章的每一段开头安排所谓“亮点”以使文章能够出彩；要引用名人名言、哲人哲理以使文章有深度，如此等等。

概括起来说就是：老师的指导主要不是体现在如何引导学生学会观察、体验和感受生活，写自己的真情实感、写自己对生活的独立思考上，而是体现在一味地传授纯技巧性的东西。

写作要不要技巧？当然是要，但我们应该明白技巧毕竟是末，内容才是根本，千万不可本末倒置！而且我们所传授的技巧也应该是中外文学名著中、我们的传统文学中所传承下来的那些真正优秀的东西，而不应该是一些“旁门左道”、耍小聪明的所谓“技巧”。如果连我们老师都这样去耍小聪明，搞花架子，那我们的学生岂有不模仿之理？如果连我们老师都把不住方向盘，那学生在考试时犯糊涂岂不是再正常不过的事？

也许有人会说我这样写是在污蔑语文老师，哪有老师这么做的？我本人也是语文老师，这十来年所听过的作文教学课不在少数，所参加过的经验交流会也不少，我敢说，如果我这里反映的还只是一部分老师的作文教学情况的话，那么现实中的情况恐怕比这还要严重。大家稍稍浏览一下语文教学的相关网站，尤其是那些名校高考辅导网站，就一定不认为我这是在瞎说。

所以我总结一条：我们的中考、高考作文中一再出现这种华而不实的文风，其根源还是在我们老师身上。如果我们的语文老师自身不把思想纠正过来，我想明年的高考之后，柯汉琳教授恐怕还要发出同样的感慨和忠告了。刚刚看了红网上吴激洲先生的文章《“广东现象”击中语文教学软肋》，感而为文。倘若这篇小文还真能为我们的语文教学改革、为我们的作文教学提一个醒的话，则吾愿足矣。

2005年7月

散步寻常事，人间至美情

——《散步》构思赏析

有的人一生传奇，写起东西来，汩汩滔滔，百折千回，波澜壮阔。这样的文章当然让人仰望。但不是每个人都有这样传奇的人生经历，能通过巧妙运思，从柴米油盐酱醋茶中发现生活之真、人性之美，这样的文章同样让人击节赞赏。莫怀戚先生的《散步》，大概就属于这一类。下面笔者就《散步》的构思作点赏析。

一、藏巧于拙，于平淡中见出情味、凸显深意

这是《散步》构思的一大特点。我们先看《散步》的开头：

> 我们在田野散步：我，我的母亲，我的妻子和儿子。

一点儿都不铺张，一点儿排场都没有，简简单单交代要写的事儿：散步；清清楚楚列出散步的人：我，我的母亲，我的妻子和儿子。一个多余的字都找不出，这样的开头让我想到了朱自清先生《绿》的开头：

> 我第二次到仙岩的时候，我惊诧于梅雨潭的绿了。

还有《背影》的开头：

> 我与父亲不相见已二年余了，我最不能忘记的是他的背影。

这些开头看似都是直接入题，不兜圈子，不玩技巧，平平淡淡，实则深藏大巧。回到《散步》开头，如果作者来一段铺排，效果又将如何呢？似乎也没有什么不可以，只不过就散步这种寻常小事来说，趣味有点不同罢了。反倒是《散步》这大巧若拙的开头，可以与“散步”这种稀松平常的事儿相协调，也能非常轻巧自然地为下文写不平常的感悟蓄势。

再看文中巧藏机杼的炼词炼意：

> 天气很好。今年的春天来得太迟，太迟了，有一些老人挺不住。但是春天总算来了。我的母亲又熬过了一个严冬。

这里一个“挺”字，一个“熬”字，多么朴实，却又多么形象，几乎把“我”对老人对母亲的了解之深、关注之切都和盘托出了！

下面这两段话同样值得玩味：

> 她现在很听我的话，就像我小时候很听她的话一样。

完全不事雕琢，把“我”和“她”进行换位，用轻轻巧巧的“听话”一词揭示出一家人的和睦关系：年轮在转，而亲人之间那种和睦体贴理解的关系一点都没有改变。非但如此，这里还在不经意中，为下文悄悄埋下伏笔。

> 我和母亲走在前面，我的妻子和儿子走在后面。小家伙突然叫起来：“前面也是妈妈和儿子，后面也是妈妈和儿子。”我们都笑了。

平淡的叙述，儿童天真的话语，既让我们看到一家人的和睦和幸福，又为下文写发生分歧时家里的长幼之间互谅互让体贴照顾做好了铺垫。

值得玩味的还有这段写景的文字：

> 这南方初春的田野，大块小块的新绿随意地铺着，有的浓，有的淡；树上的嫩芽也密了；田里的冬水也咕咕地起着水泡。这一切都使人想着一样东西——生命。

这段文字表面看来没有什么特别，但我们稍微梳理一下，就会发现暗藏玄机：

母亲——散步——延长生命

冬天——春天——孕育生命

母亲——我和妻子——儿子——传递生命

从这样几组逻辑关系中，我们不难看出：“生命”是关键词。这个时候，作者的构思似乎初见端倪：他就是想通过散步所见景物的描绘，引出“生命”这个提升全文境界的关键词来，从而让文章很自然地指向所要表达的主旨的方向。从文本上，我们完全看不到浓墨重彩。而从整体上看，这却是文意提升的关键一步。

二、巧用叙事，于冲突中掀起波澜、展现个性

这是《散步》构思的第二大特点。那么《散步》的叙事巧在哪儿呢？首先就是于紧要处宕开一笔，为下文故事展开打开空间。

运用开门见山写法开头的文章，大概都会面临一个困境：开头已经差不多把话说完了，悬念已经没有了，接下来该写什么、怎么写？

其实本文也遇到了这个困境。直接写散步？那还有意思吗？看看作者是如何摆脱这个困境。

> 母亲本不愿出来的。她老了，身体不好，走远一点就觉得很累。我说，正因为如此，才应该多走走，母亲信服地点点头，便去拿外套。她现在很听我的话，就像我小时候很听她的话一样。

一个“本”字，平地掀起波澜。上文已经说散步了，这里说“本不愿出来”，不愿出来怎么又出来了呢？从叙事上来说，这就是故意造成的一种类似古诗写作中的“拗救”关系，这样一来，叙述顿时有了闪转腾挪的空间。

其次就是在冲突中展现个性。一些高明的小说家，总要把人物推到风口浪尖上去表现去刻画，让人物在矛盾冲突中去展现个性。作者似乎也深谙此道。他紧紧抓住散步中的一个小插曲——分歧，把一家人也放在了这样一个风口浪尖上。

后来发生了分歧：

> 母亲要走大路，大路平顺；我的儿子要走小路，小路有意思。不过，一切都取决于我。

“分歧”一出，叙事推进一层，矛盾冲突势所难免。全家人都听“我”的，“我”该如何决策？权衡之后，“我”主意定了：走大路，照顾母亲，委屈儿子。

文章如果就在此处戛然而止的话，似乎也能揭示主旨，可是从整体上来看，它跟一般写尊老的文章并无二致。作者的处理妙就妙在他还写到了“母亲”和“妻子”：

> 但是母亲摸摸孙儿的小脑瓜，变了主意：“还是走小路吧。”
>
> ……
>
> 妻子也蹲下来，背起了儿子。

……

我和妻子都是慢慢地，稳稳地，走得很仔细，好像我背上的同她背上的加起来，就是整个世界。

把一家人都放在美德的聚光灯下，让每一个人身上都闪耀着人性的光芒，让每一个人都乐于为家庭肩负起自己的责任。这是多么巧妙的设计！

三、借助造型，于诗意中定格人性之美、凸显主旨

这是《散步》构思的第三大特点。在文章结尾处，作者巧妙设计了“背”这么一个造型来进行“美”的聚焦定格：“我”背起了“母亲”，“妻子”背起了“儿子”。

艺术表演中，通过锤炼一些经典造型来让人永远无法忘怀、永远保存记忆的手法很常见。但在文学作品中，借助“造型艺术”的手段来实现升华意义的却并不多，《散步》是其中难得的精品。通过捕捉的两个“背”的造型，把中华民族的尊老爱幼传统、中年一代对生命的历史责任感和使命感全都凝聚在了其中，实现了画面与主旨的高度和谐统一。

总之，作者通过藏巧于拙、巧用叙事、借助造型等构思手段，在简朴平淡中“制造”出了不平凡的艺术效果，为我们呈现出一幅幅人间至善至美的画面，凸显人性之美和责任之重。写寻常事，抒至美情，匠心独运，却又化于无形，《散步》堪为典范。

2020年1月 改定

探美《风筝》的叙事

《风筝》写于1925年1月24日，虽然后被鲁迅先生收入散文诗集《野草》，但从文本上看，一般认为，它更具散文特征，是一篇比较典范的叙事散文，它的叙事别有一番情致。

一、巧妙运用倒叙，造成对比效果

这是《风筝》叙事的一大特色。由“我”看到眼前的冬天的北京的风筝而产生惊异和悲哀的感受，引出“我”对“久经诀别的故乡的久经逝去的春天”的风筝的回忆，从而讲述“我”与“小兄弟”之间一段悲哀的故事，最后“我”带着“无可把握的悲哀”回到带着“非常的寒威和冷气”的现实中。

很显然，在这里，正常的叙事顺序被打乱了，我们的眼前顿时展开了两个叙事时空：眼前的和回忆的，并形成了奇妙的对比。

合理安排叙事顺序从而有效地改进叙事，是一种比较常见的手法，这本身不见得有多高明。但经过鲁迅先生一番点化之后，完全呈现出了另外的一番风貌。

我们不妨先来看一篇鲁迅先生1919年9月9日以“神飞”笔名写的一首散文诗：

我的兄弟

我是不喜欢放风筝的，我的一个小兄弟是喜欢放风筝的。

我的父亲死去之后，家里没有钱了。我的兄弟无论怎么热心，也得不到一个风筝了。

一天午后，我走到一间从来不用的屋子里，看见我的兄弟，正躲在里面糊风筝，有几支竹丝，是自己削的，几张皮纸，是自己买的，有四个风轮，已经糊好了。

我是不喜欢放风筝的，也最讨厌他放风筝。我便生气，踏碎了风轮，折了竹丝，将纸也撕了。

我的兄弟哭着出去了，悄然的在廊下坐着，以后怎样，我那时没有理会，都不知道了。我后来悟到我的错处。我的兄弟却将我这错处全忘了，他总是很要好的叫我“哥哥”。我很抱歉，将这事说给他听，他却连影子都记不起了。他仍是很要好的叫“哥哥”。

阿!我的兄弟。你没有记得我的错处，我能请你原谅么?

然而还是请你原谅罢!

比较起来，两文所叙述的故事基本一样，但很显然，二者所表达的感情不尽相同。《我的兄弟》基本上是比较单纯的要表达一种深刻的愧疚之情，而《风筝》则既有对久经诀别的故乡的怀念、对兄弟的愧疚，也有对当时社会的拷问，想要表达的感情复杂得多。

为什么会产生这种差异呢？

比较一下两文的开头和结尾，我们就可看出一些端倪。

《我的兄弟》开头直接进入叙事状态，故事说完，感情也自然流露出来：“然而还是请你原谅罢！”而《风筝》则在开头交代北京的“地上还有积雪”的冬季，“四面都还是严冬的肃杀”；结尾继续交代“四面又明明是严冬，正给我非常的寒威和冷气。”

这样一比较我们就会发现：二者最大的不同就在于有没有故事发生的环境的交代。换言之，《风筝》较之《我的兄弟》，更多了一层“冰冷”的现实环境。

可不要小看这样的改变。正是因为增加了这样一层“四面”是“严冬”“给我非常的寒威和冷气”的现实环境，文章的内蕴深度才得到了开掘。是它，把我们的目光从故事本身引领到了那个“四面又明明是严冬”的年代；是它，让我们认识到：“我”的悲哀不只是“我”一个人的悲哀，更是那个时代的悲哀！由此，我们加深了对文章的理解，“悲哀”之感油然而生！

巧妙运用倒叙的方法来改进叙事，突出交代故事发生的时代背景和社会背景，从而深化文章的中心，你不能不说，这样的叙事安排确乎高人一筹。

二、一波三折，扣人心弦，却曲折有致，收放自如

这是《风筝》叙事的第二大特点。曲折，几乎是所有叙事作品所竭力追求的美学目标。“文似看山不喜平。”不错的。可是真要让一部作品“曲折而有致”却不那么容易。《风筝》又是如何做到这一点的呢？

看《风筝》的这一段：

> 但我是向来不爱放风筝的，不但不爱，并且嫌恶他，因为我以为这是没出息孩子所做的玩艺。和我相反的是我的小兄弟，他那时大概十岁内外罢，多病，瘦得不堪，然而最喜欢风筝，自己买不起，我又不许放，他只得张着小嘴，呆看着空中出神，有时至于小半日。远处的蟹风筝突然落下来了，他惊呼；两个瓦片风筝的缠绕解开了，他高兴得跳跃。他的这些，在我看来都是笑柄，可鄙的。

引出故事来了，却并不立刻进入紧张激烈的“故事”状态，而是宕开一笔写“我”的“不爱”和“嫌恶”，写“小兄弟”的“最喜欢”，运用对比的手法极力渲染二者趣味迥异。叙述节奏的舒缓不是因为作者忘记了“故事”状态，而是有意在为下面的矛盾冲突蓄势，为即将掀起的感情冲击波做好充分的铺垫。

这几乎是好的叙事必做的功课。莫泊桑的小说《我的叔叔于勒》就是典型例子。在见到于勒之前，极力渲染一家人如何盼望于勒叔叔改变窘迫的家境，甚至为此拟定了“上千种计划”，甚至计划买一所别墅，还开始过起了到哲尔赛岛旅行的富人生活。如此种种都在为下文情节冲突的展开做好了充分的蓄势铺垫准备。

再看下文：

> 有一天，我忽然想起，似乎多日不很看见他了，但记得曾见他在后园拾枯竹。
>
> 我恍然大悟似的，便跑向少有人去的一间堆积杂物的小屋去，推开门，果然就在尘封的什物堆中发见了他。他向着大方凳，坐在小凳上；便很惊惶地站了起来，失了色瑟缩着。大方凳旁靠着一个蝴蝶风筝的竹骨，还没有糊上纸，凳上是一对做眼睛用的小风轮，正用红纸条装饰着，将要完工了。我在破获秘密的满足中，又很愤怒他的瞒了我的眼睛，这样苦心孤诣地来偷做没出息孩子的玩艺。我即刻伸手

> 折断了蝴蝶的一支翅骨，又将风轮掷在地下，踏扁了。论长幼，论力气，他是都敌不过我的，我当然得到完全的胜利，于是傲然走出，留他绝望地站在小屋里。

矛盾冲突既已展开，就任其恣肆，直达顶点，掀起第一波的情感高潮。“我”获得“满足”和“完全的胜利”；“小兄弟”则“很惊惶地站了起来，失了色瑟缩着”“绝望地站在小屋里”。

在这里，我们一面看到“我”的“大获全胜”，“小兄弟”的惊慌绝望；一面又隐约感觉到物极必反之后，新一轮的矛盾冲突又将开始。

> 我不幸偶而看了一本外国的讲论儿童的书，才知道游戏是儿童最正当的行为，玩具是儿童的天使。
>
> 于是二十年来毫不忆及的幼小时候对于精神的虐杀的这一幕，忽地在眼前展开，而我的心也仿佛同时变了铅块，很重很重的堕下去了。
>
> 但心又不竟堕下去而至于断绝，他只是很重很重地堕着，堕着。

把转折安排在20年之后，让情感在经过一次激荡之后先趋于平静，经过漫长时间的发酵再突然迸发出来。曾经的“满足”感顷刻间化为乌有，该“我”受到惩罚了！从“满足”到“受到惩罚”，原来一直自以为是的“我”一下子从天堂坠入地狱！情感在这里发生了180度的急转弯，掀起了第二波的高潮。

虽然犯了错误，但是如果能够通过“补过”的方式进行修正，自己的内心或许也能够得到“宽松”，问题就没有那么糟。修复兄弟关系仍存一线希望。所以“我”精心设计了种种“补过”的方法，试图得到宽恕。

> “有过这样的事么？”他惊异地笑着说，就像旁听着别人的故事一样。

想“补过”，想得到“他”的“宽恕”，诚心请求“他”原谅，以摆脱沉重的心理负担，可是“他”却连是什么事都不记得！原本“我”希望“他”说出“我可是毫不怪你呵”之类的话，已经变成不可能了，希望彻底破灭！想“补过”却“补”不了，心里要一直就这么难受着，就这么沉重着！

从存一线希望到希望彻底破灭，情感在心里掀起了第三波的高潮。

一波三折，扣人心弦！可是整体上看起来又一点都不紊乱，始终紧紧围绕“悲哀”的基调展开。这就叫作曲折有致，收放自如！

这样的叙事，怎不叫人击节赞赏呢？

2014年7月

教学案例

我要换对手

新课程改革的一个显著特征就是提倡“自主、合作、探究”的学习方式，相较于传统的讲授式的学习方式而言，说它是一场学习方式的革命并不为过。它给我这样一个普通的教育工作者思想上带来了巨大的冲击。为激发学生学习的自主性，从2008年起，我就展开了相关的课题研究，取得了一定成效。可是，在研究的过程中，我仍然觉得课题还有改进的空间。从本届学生七年级开始，我就有意识地在语文学习中引入小组学习机制，强化学生之间的学习竞争。不想，激烈的竞争让学生心理上产生了一系列微妙的变化。如何让学生之间既有激烈的竞争，又不至于有太大的负面心理效应？下面的案例可以给我们一些启示。

一、一输再输，心理起变化

为激发学生的斗志，从七年级开始我就在班上搞了学习竞赛活动。小滢和小敏都是我的语文课代表。她俩正是竞争对手。

开始的时候，两人很高兴。棋逢对手，互有胜负，两人学习的积极性都很高涨。随着学习科目的增多和学习难度的加深，到八年级以后，胜负的天平似乎发生了些微的变化：小敏开始在竞争中逐渐领先。

我注意到此时两人的状态发生了一些变化：小敏在内敛中多了一份自信；而小滢则渐渐感到了压力，变得心事重重。看到这一切，我心里开始有些担心，但转念一想：让小滢经受一下挫折也未尝不是一件好事，先装作不知道，看看会发生什么。

二、家长介入，问题变复杂

不久，学校召开八年级学生家长会。小滢的妈妈特意找到我，告诉我小滢近期的变化，对她的状况表示了担忧。我安慰说：不要紧，让她经受一下挫折，没有坏处。为打消家长的疑虑，我还特意告诉家长我会特别留意小滢近期的状况，请她放心。

小滢的情况我是非常了解的。她很懂事，好胜心很强，基础也比较扎实，人又很刻苦。只是因为近几次测验的成绩稍稍落后了一点，她产生了一些自我怀疑。其实她的基础还在那儿，情况并没有一下子变得很糟。作为语文老师，我很清楚：语文考试中出现一点情况其实非常正常，况且只是差那么一点点。所以我觉得可以让她经受一下挫折，让她学会自我调节。

三、期中再败，要求换对手

谁知道期中检测，小滢又输了。她只考了89分，而小敏考了95分。这下小滢顶不住了，急匆匆地找到我，说：老师，我要求换对手！我说为什么呀？她有些激动地说：我总是输给她，她太强了！

正好小敏也跟在旁边，笑着说：老师，不能换！不能换！我也问她："为什么呀？"

"她只是发挥不好。"我对她们笑了笑，鼓励小滢说："不怕，下次赢回来！"小滢苦笑着回答说："老师，我已经输了很多次了。"

四、适时介入，化解大心结

看来问题不是我想象的那么简单。我该怎么办呢？

让她们继续做对手吗？小滢会不会因此一直抬不起头来而丧失自信，找不到学习的快乐？

给小滢换对手吗？那不是在间接暗示小滢就是不如小敏，从此自愿做"二等公民"？

两难之际，我决定还是坚持让小滢接受挑战。但是，我不能还装作不知道她的情况，我得找个机会介入，对她进行一番引导。

一次默写检查结束之后，我找来了小滢。我知道，这次检查她的成绩比小敏好，但我故意问她：“又输了？”

“没有！我赢了！”

“我说吧，你们就是最合适的对手！”

“可是，我还是很怕呢。”

“怕什么？棋逢对手，共同提高，多好的事情啊。”

“小敏会不会觉得我不是她的对手啊？”

原来，小滢的心里还有这样一层担忧啊！我赶紧说：“上次你说要换对手小敏还非常紧张呢，连说几声不要换不要换，她很高兴跟你做对手呢。”

这下，小滢勉强同意了。她答应会去努力冲击对手。

五、调整心态，坦然对输赢

她果然没有辜负我的期待。八年级上学期期末考试，她一举为自己正了名：她考了91分，而小敏只考了85分。

这时我打趣问她：“那还要换对手吗？”

“不换了。”小滢高兴地回答。

小滢再也不提换对手的事情了。虽然她知道对手实力还在，偶尔失利并不代表永远会输，但是她已经有足够的信心去面对挑战了。

【案例反思】

这个案例，让我深深感受到了激烈的学习竞争给学生心理带来的负面影响，也警醒了我们要密切关注学生的心理健康问题。

在学习竞争日益激烈的当下，在学生对学习竞争充满困惑的时刻，作为学生人生导师的老师和家长应该适时介入，以引导学生学会调节和释放过重的心理负担，以积极乐观的心态和百折不挠的顽强品格去面对挑战，走出困扰。

2014年6月

《苏州园林》教学设计

一、教学设想

《苏州园林》是八年级上册第三单元第二课。从文体上看，这是一篇说明文；从题材上看，这是一篇有关中国园林建筑艺术题材的文章。传统语文教学本着知识本位的语文观，常常从说明文的文体入手来解读课文。学生学习之后，要点是掌握了，但要说究竟对苏州园林留下了多深的印象，则说不出来，苏州园林究竟美在何处，也感受不出。

“文字是一道桥梁，这边的桥塊站着读者，那边的桥塊站着作者。通过这一道桥梁，读者才和作者会面，和作者的心情相契合。”叶圣陶先生用形象生动的语言阐释了阅读的内涵。阅读是通过文字去触摸作者的灵魂，与作者心灵对话。从这个层面上说，阅读教学就应该是教师引导学生揣摩、品味语言，审视、把握文章内容，涵泳和体悟作品的意蕴和情趣的过程。

基于这样的认识，我打算把本课的教学重点放在对文本内容及其反映的文化艺术的理解上，而不只局限于说明文文体知识的把握。因此，我对本课教学的总体设想是：以感受苏州园林之“图画美”为核心，围绕“美”的主题，引导学生体验中国人的审美情趣和审美追求，从而从一个侧面了解和感受中国建筑文化艺术之美。

二、教学目标

1.学习本文围绕中心、从整体到局部多方面说明事物的方法，在整体把握全文的基础上，体会文章的结构美。

2.学习本文准确、简洁、生动的语言，在反复诵读和赏析中，感知园林的画意美，体会文章的语言美。

3.研讨交流，体会我国古代文人的园林情结和文化审美取向。

三、教学重点

1.学习本文围绕中心、从整体到局部多方面说明事物的方法，在整体把握全文的基础上，体会文章的结构美。

2.学习本文准确、简洁、生动的语言，在反复诵读和赏析中，感知园林的画意美，体会文章的语言美。

四、教学难点：体会我国古代文人的园林情结和文化审美取向

五、教学过程

（一）导入新课，明确目标

俗话说："上有天堂，下有苏杭。"由此可见苏州之美。而苏州之美则具体体现在遍布全城的苏州园林上。中国古典园林艺术家陈从周先生曾说："江南园林甲天下，苏州园林甲江南。"足见苏州园林之美。

苏州的园林艺术历史悠久，现存园林远则上千年，近则四五百年，全城有一百多处园林，可以说是集历代江南园林艺术之大成。今天，就让我们一起走进有着深厚园林情结的叶圣陶先生的《苏州园林》，去感受苏州园林之美。

下面，我们先来欣赏一段关于苏州园林的电视专题片，看后谈谈你对苏州园林的感受。

学生活动：

1.欣赏电视专题片《苏州园林》，感受苏州园林之美。

2.谈谈对苏州园林的感受。

（二）检查预习

1.检查朗读

要求：每组推荐一名同学，每人一段，轮读课文，要读清读准。其他同学认真听读，在文中画出读错的字词，以备更正；也可对自己事先拿不准的字音进行确认。

学生活动：

各小组推荐的九名同学，每人一段（最后两段一人读）轮读课文。其他同学在文中勾画。

2.检查字词

多媒体投影课堂问题：

（1）读准下列字音：

鉴赏　轩榭　池沼　堆叠　丘壑　松柏　嶙峋　镂空　阶砌　斟酌

（2）解释词语含义：轩榭　胸中有丘壑　嶙峋　斟酌

学生活动：

指读、齐读字音。

词语释义后补充到课文下面。

（三）学习本文的精巧构思，体会文章的结构美

1.自读课文，思考下列问题：

（1）作者是如何评价苏州园林的?

（2）苏州园林的总体特点是什么，能不能从课文中找出一句话来概括？作者是按照怎样的思路来向读者介绍苏州园林的？

学生活动：

（1）自读课文，独立思考问题。

（2）学生小组讨论，并进行交流。

2.师生小结：

本文采用总分的结构形式。文章是在高度概括的基础上从整体到局部，分项进行叙述。全文的结构脉络大致是这样的：首先总起（“苏州园林是我国各地园林的标本”）；接着说明总体上的特色，阐发设计目的（“务必使游览者无论站在哪个点上，眼前总是一幅完美的图画。”）；然后就形成这个总体特色的四个设计原则（布局、配合、映衬、层次），

分别作出具体介绍，并谈到其他的一些次要特色（门、窗、梁柱的特殊风格）；最后结束全文，留有余地，给人回味。从而使文章结构严丝合缝，给人以美的感受。

学生活动：

（1）小组讨论。

（2）集体小结。

（四）感知园林的画意美，体会文章的语言美

1.教师提问

苏州园林的设计者和匠师们一致追求的是：务必使游览者无论站在哪个点上，眼前总是一幅完美的图画。请从文中找出体现苏州园林“图画美”的句子，并说说它美在哪里。

学生活动：

（1）朗读课文，从文中画出相关语句。

（2）小组内互相交流补充。

师生互动：

（1）按照课文顺序，每个小组派一名代表，读一处地方，并谈谈体会。

（2）师生互相补充。

2.表现美的事物，需要美的语言

本文语言准确、简洁、生动，试对刚才画出的句子细加揣摩，也可扩展到这个句子所在的文段，在文旁的空白处写出自己的评析。

提示：可从说明方法、修辞手法、用词、意境等方面评析。

学生活动：

（1）学生自读课文，在文旁的空白处写出自己的评析。

（2）小组内互相交流。

师生互动：

（1）每个小组派一名代表，读一处地方，并谈谈体会。

（2）就理解不深入的句子，师生作必要补充。

（五）研讨交流：体会我国古代文人的园林情结和文化审美取向

教师提问

我们应怎样来理解古代文人的园林情结？你从苏州园林的设计中感受到他们怎样的文化审美取向？试作简要评析并说出你的依据。

提示：从原文中找。

学生活动：

（1）默读课文，小组讨论交流。

（2）全班交流。

（六）课文小结

美文美读：以优美的古筝独奏曲为背景音乐，学生自由选择课文段落朗读，进一步体会文章的图画美和语言美。

学生活动：自由选读。

（七）课后作业

苏州园林的设计者和匠师们为了创造人与环境的协调美，刻意追求自然之趣，你居住的小区在这一点上做得怎样？你想如何来重新设计你居住的小区，让它更充满自然之趣呢？请把你的设计方案写出来。

2009年11月

《学会选“点”突破》教学设计

一、教学设想

在平时的作文训练中，我发现学生经常面对作文题目显得没有办法。通过了解，我知道他们的困难在哪儿了，是思维方法的问题。因此这节课我主要解决的问题，就是让学生学会一种作文的选材和构思方法。因为学生基础的不同，所以在教学过程中，我会运用分层异步教学法，根据学生的实际情况给予他们有差别的学习目标。

二、教学目标

A层：能审准题目，能运用选“点”突破的方法选好“点”突破题目，并能写出具体细致真挚感人的事件和逼真的情境来表现中心。

B层：能审准题目，能运用选“点”突破的方法选好“点”突破题目，并能写出比较具体细致的事件和一定的情境来表现中心。

C层：要求能审准题目，能尝试着运用选“点”突破的方法选“点”突破题目，并能抓住其中的一个点，大致写出事件来表现中心。

三、教学过程

（一）导入

老师问：向游客推介茶山，怎么推介？

顺势推出课题：学会选“点”突破。

（二）正课

1.什么是选“点”突破？

“点”就是个别事物、事件和情境。

“选点”就是选择材料，就是从许许多多的事物、事件和情境中选择最符合表达中心的个别的事物、事件和情境出来。

“突破”就是“破题”，就是破除题目理解障碍获得正确理解并据以构思文章组织材料表达中心的构思方式。

2.为什么要选点突破？

（1）探讨点和面的关系。

（2）从两种常用的逻辑思维方法谈起。

归纳法（从个别到一般）：点——面。

演绎法（从一般到个别）：面——点。

（3）从表达的实际困难方面说：

我们无法穷尽事物，只能选“点”来反映“面”。

我们没有精力和时间，只能选“点”来反映“面”。

3.课文范例1

《藤野先生》写一个老师，一个老师一生该有多少事情可以写，能不能把他的所有事情写尽？那该怎么写？

选点突破。怎么选点突破呢？看鲁迅先生：

（1）写在东京所见所感。

（2）写到仙台及在仙台与先生相识、相知和别离。

（3）写别后怀念。

为什么选这几个点？

为什么要选（1）？写（1）正好交代了原因和背景，为下文作铺垫。

为什么要选（2）？先生对我的一生有非常重要的影响，写（2）能突出表现这一点。

为什么要选（3）？写（3）能表现我对先生的感激怀念之情，揭示中心。

突破了没有？

扣紧了题目。

写出了具体细致的事件和当时情境有真情实感。

突出了中心。

4.课文范例2

《我的母亲》是写母亲的，母亲一辈子该有多少事情可以写？能不能全部写出？怎么办？

选点突破。怎么选点突破呢？看胡适先生：

（1）写小时候除了读书写字什么也不会。

（2）母亲教育我做人的一些事情。

（3）写对母亲的感激。

为什么选这几个点？

为什么选（1）？一个除了读书写字之外一无所长的人，最值得骄傲的就是早期得到了做人训练，写（1）为引出下文写母亲如何教我做人。

为什么选（2）？选（2）能生动具体地表现母亲怎么样教我做人，影响我的一生，突出文章中心。

为什么选（3）？选（3）能水到渠成揭示文章中心。

突破了没有？

扣紧了题目。

写出了具体细致的事件和当时情境有真情实感。

突出了中心。

5.步骤、方法和注意点小结

（1）审题。

（2）选“点”突破：

“点”要紧扣题目。

“点”要是具体细致的事件和当时情境，有真情实感。

“点”要突出中心。

6.分层定标练习

题目：他（她）真＿＿＿＿＿＿。

提示：横线处可补充“勇敢”“认真”“幸福”“漂亮”“诚实”“可爱”“淘气”“懂事”“让人讨厌”“让人恶心”等描述性格特征的词语 。

目标要求：

A层：要求能审准题目，能选好“点”突破题目，并能抓住其中的一个点，写出一件具体细致的事件和特定的情境来表现中心，字数不少于200。

B层：要求能审准题目，能选好“点”突破题目，并能抓住其中的一个点，写出一件比较具体细致的事件和一定的情境来表现中心，字数不少于150。

C层：要求能审准题目，能尝试着选“点”突破题目，并能抓住其中的一个点，大致写出事件来表现中心，字数不少于100。

7.学生分层互评习作

五星级:

四星级:

三星级:

8.教师总结点评。

9.课后作业

修改完善自己的作品，下节课作优秀作品赏析。

2010年6月

第三篇

管窥之见

- 随心一笔
- 一孔时评

“脚斗士”大赛让我想起过去

昨天看央视体育频道《2006中国首届脚斗士大赛》节目，唤起了我的一些美好回忆：想不到少年时代玩过的游戏如今竟然成了一项新兴运动。真好！

已经不记得是什么时候开始学会玩那玩意儿的，还记得的是初中的时候玩得最疯。那时候，我们那地方很穷，小孩基本上没有什么玩具可娱乐的，这脚斗士可算是一样既经济又方便的娱乐方式了。不过，我们那时对这项运动可没这么文雅的称谓，我们都管它叫“打梆”，至于它是怎么来的，我们可不理。三五个小孩聚一起，干什么？分组“打梆”呗！

“打梆”的规则一般是这样的：若是单对单，谁的“梆”先散或者谁先倒地，那就输了；若是组对组，那么哪一组最先“牺牲”全部人马，哪一组就输了。这里面还是有些讲究的，尤其是架“梆”，你得架得稳而且不易被人打散。我们的比赛一般是不需要裁判的，现在想来这还真有些意思：一则那时的我们很单纯、诚实，是输就是输，是赢就是赢，很少有人输了不认账的；再则是比赛就这么简单，不服输吗？再来斗过！

记得当时有个同学叫周正宏，他的脑袋长得歪歪的，所以我们给他取了个绰号叫“周歪”，之所以这么多年还能记得起这名字，是因为他的绰号让人很难忘记他的名字，再就是他的“梆”打得实在太好。他有几个技术动作至今还如在目前：左手抱住右脚背，右手护住右膝盖或者右大腿，以迅雷不及掩耳之势猛冲过来，或朝你胸前袭来，你支持不住，必然倒地，你输了；或借俯冲之势，瞬间腾起，然后垂直压下来，压在你的“梆”上，一般人哪受得住这？必“死”无疑。他还有一招绝的，先跟你慢慢斗，突然虚晃一压，你还以为顶住他的“梆”欲置他于死地让他满地找牙呢！殊不料他侧身一晃，膝头已经从下面往上把你顶个人仰马翻。

写下这篇东西的时候，我还努力尝试像当年那样把“梆”架起来，虽然勉强还能有个模样，但已经远远没有当年那个味道、那个架势了。

什么时候当年的伙伴能再打一次“梆”呢？

2006年10月

感慨："太听话"成中国学生最大缺点

我们从小就被教育：要听话！在家做一个听话的好孩子，在学校做个听话的好学生，似乎是我们每个人天经地义的追求，听不听话也一直就是我们好不好的重要标准之一。我们一直在接受这样一种教育，我们一直就在这样的环境中浸染，甚至我们已经在用这样的标准教育自己的孩子。我们一直都不知道，听话还有什么错儿！

昨天（18日）的中外大学校长论坛上，耶鲁大学校长理查德·雷文一语惊醒梦中人，他说：中国学生的最大缺点就是"太听话"，"中国的学生一般不敢对老师说'不'，美国学生虽然也很尊重老师，但会和老师争论。"

原来，这"太听话"还是最大缺点！

想想也是。你看现在的教育，有多少人在关注学生的个性发展？全国一盘棋，全民为高考。在分数面前，哪个中学校长不感到压力？哪个老师不感到压力？哪个家长不感到压力？在这许许多多压力汇成的洪流面前，有谁可以逆流而行却能够全身而退？在另一面，我们的学生虽然极不情愿，却还是不得不以最省力的方式选择随大流。于是，除了分数，其他的一切，全部让路；于是个性发展靠边站；于是人格修养靠边站；于是幻想冒险靠边站；于是创造想象靠边站……

所以我们今天，整个民族被认为缺乏创新能力；所以我们今天，经常可以听到大学生自杀的新闻。

世界的万事万物是普遍联系的，有什么因必有什么果，信然！

2006年7月

随心一笔

做一个伪球迷的幸福

2006世界杯，据说中国牺牲了11位球迷，据说这又创造了一个世界第一。也难怪了，一晚上看两场比赛，第二天还要为饭碗奋斗，谁受得住这？当然了，只有真的球迷才能正视“淋漓的鲜血”，奋然而前行。我单位的一帮球迷朋友，每当有球赛时就定然准备了酒菜，还邀约一帮铁杆，无论多累，必定坚守岗位。第二天，他们还要负责向全体同事进行报道评析。

以前，我也做过一段时间这样的真球迷。不过后来我发现：我高兴个什么呢？我激动个什么呢？你看人家国家队那些人输多少输得多难看还不是一样过得很滋润？你在那儿呼天抢地，伤心欲绝，谁来安慰你？你说我不看中国足球了，我做巴迷、做阿迷、做意迷、做英迷、做法迷、做西迷去。那你就去吧，那你就去为他们喊、为他们哭、为他们累去好了，你只要还记得累了之后明天早上别迟到就行。唉，这是何苦呢？

所以，这一次，我想通了，球要看，但我看转播的；球也要评，但我完全不必置身其中，谁臭谁不臭管它呢！我只要知道谁谁谁现在实力更强，谁谁谁发挥更好，行了。

所以这次世界杯，对不起，我每天准时睡觉，安安稳稳地睡觉，不必再三更半夜醒来，第二天也不必晕晕忽忽地去上班。然后在第二天一早听真球迷们“汇报战果”，然后在中午的时候，再慢慢品味转播。

汇报一下本人世界杯期间的身体状况：体重67公斤，没变；没有黑眼圈；血压正常；身体一切机能正常，精力旺盛。

现在我才真正体会到了做一个伪球迷的幸福：那样轻松、那样惬意、那样舒适、那样健康！

2006年7月

随心一笔

有的时候是该找点罪受受

本来可以轻轻松松过完这个暑假，什么也不去想，好好地休息调整一下状态。做老师的，如果不学会自己放松，真的会累死。

不巧，有报考在职研究生的机会。心里不愿意啊，可是现在不充充电，难道要等四五十岁的时候去进修？况且，还有公费呢！

没办法，得把十年没有理会过的英语捡起来了，得把十年没有理会过的教育学、心理学捡起来了。

今天一早，跟两个朋友一道到广州。好多人啊，华南理工大学的西湖厅排满了报名的人，我们11:40到那里的时候，队伍已经排到门外，我上前看了一下，起码有上千米的长队。今天还能报名吗？我和朋友们都在嘀咕。反正来了，排队吧！

那正是正午时分，虽然队伍都没排在露天，但这几天正是最热的时候，昨天的广州已经录得了今年的最高气温38℃，今天也差不多。喝了一瓶水之后，队伍竟奇迹般一下子往前推进了近百米。嘿，有希望了。原来报名处是安排一批批进去的。

又热又饿，我们决定派个人买快餐去。可是快餐处过了12:00就停业了。只得买几个面包（没有选择，只能在一楼一处小卖部买仅有的一种面包）充饥。

旁边的高音喇叭不停地在叫卖复习资料，还有劝人参加培训的，现场很热闹，可苦了我们了：连想静一静的念头都不能有。

熬了近两个小时，队伍终于有了大幅度的前进，我们继续往前。不知是不是有人开恩，这次竟一下放进去很多人，我们正接近门口时，保安开始推人，刚好把我们卡在外面，真倒霉！

我们只好坐在门口等。这样又熬了近两个小时。

终于轮到我们了，冲进去，还好，真正要办的手续并不复杂，我们很快搞定所有手续。

站了四五个小时，又热又累还很饿，已经很久没受这份罪了。

抱怨归抱怨，今天的心情倒不算坏。我苦笑：有的时候是不是该找点罪受受啊！

2006年7月

取他山之石，攻家山璞玉

应乡亲的邀请讲点什么，说点儿什么比较合适呢？思量再三，还是拣自己熟悉的东西说比较好。我就说说东莞，说说乡情，说说教育。

一、从洗脚上田到新一线城市：过去三四十年，东莞经历了什么？

以前在老家的时候，我是不怎么了解东莞的，甚至把“东莞(guǎn)”错读成“东莞（wǎn）”。直到真正来到这里才知道东莞其实是个非常不错的城市，她既古老又年轻，充满了活力。为说明情况，我参照一下浠水的一些数据。

说她古老，是因为她于公元331年立县，有1700多年的郡县史。浠水于公元448年立县，较之东莞，晚了100多年。

说她年轻，是因为东莞人口倒挂，整体上人口非常年轻。东莞1984年还是一个县级市，1988年才升格为地级市。根据东莞市统计局局长梁佳沂最近的发言，东莞现在户籍人口将近200万，常住人口达到了840万，总人口超过1000万。外来人口占整体人口的比例在全国排第一而且年轻人口多。我在东莞教育线待了22年，我知道光东莞的随迁子女在莞读书的就有近百万人，这些都是东莞后续发展的人力资源，所以东莞整个城市充满了活力。而我们浠水，可能跟整个国家的普遍情况差不多：未富先老。每次回家，我根本看不到什么年轻人在家，甚至男人都少，现在农村老一个人，可能要周围几个村的人帮忙才能出殡。

经济上，可能两地相差更加悬殊。东莞市域面积2512平方千米，2017年，东莞GDP达到了7582.12亿元；而浠水县域面积1949.3平方千米，2016年浠水GDP只有239.64亿元。

二、回到三四十年前，东莞又是一个什么样子呢？

我爱人是东莞人，刚好见证了东莞整个城市改革开放的全过程。她跟我讲，20世纪70年代的时候，他们家兄妹五个，就挤在一间两连（浠水话叫“大两间”）的几十平方米的泥房里，非常破旧狭窄；田地很多，又很远，她很小就要帮家里放牛，看管田地里种植的作物。她那个时候所经历的跟我所经历的其实没有什么差别，那时候东莞人也大都是面朝黄土背朝天的农民。

改革开放政策一出，情况就不一样了。1978年，东莞虎门成立了全国第一家“三来一补企业”——太平手袋厂。虎门这个中国近代史的开篇之地，又一次在新中国的改革开放的洪流中，引领了风潮！从此香港人、澳门人开始大量回莞开厂，很快就改变了东莞的面貌。

不过东莞不像深圳，她没有那样的资源。深圳的发展一开始就是举全国之力予以支持，不说别的，全国每个省、直辖市、自治区，各国有大中企业，各大中城市到深圳搞个办事处，这个人流资源，哪个城市能比？东莞只是在夹缝中，自己摸索，终于找到了“三来一补”和引进外资的路子，一路狂飙突进，一度成为“世界工厂”。2008年金融危机的时候，东莞经济备受打击，好在东莞民营企业在长期陪跑中已经壮大起来了，如今已经有了与外资、港澳台企业分庭抗礼的势头。2014年扫黄，很多人担心东莞完了。事实上，东莞没完，现在的东莞发展得更干净了，步子更踏实了。

2017年5月25日，据第一财经旗下数据新闻项目“新一线城市研究所”在上海发布的《2017中国城市商业魅力排行榜》，15个“新一线”城市揭晓，东莞赫然在列！

三、东莞的发展能给我们带来什么样的启发和借鉴？

说到东莞的发展，我们很多人会说人家条件好，我们跟东莞比不了。我当然知道很多东西是比不了的。但是换一个角度，我们能不能从东莞的高速发展中获得一些启发？下面我就来谈谈这个话题。

（一）敢为人先的精神是东莞经济腾飞的内在动力

我到东莞已经20多年了，基本上见证了东莞从富到强的过程，也见识了东莞人“敢为人先”的精神品格。

可能跟地域文化有某种联系。东莞这个地方一直位于边陲，距离权力中心比较远。在东莞人看来，很多事情如果坐等上面指示来做会误事，所以在这个地方，根本不会有太多的耐心等上面的指示，人们经常会“自打自为”（“自作主张”之意）。只要政策不限制，就先干起来；政策不允许，有时也会打擦边球先干起来。曾经的“三来一补”“太阳神”，现在的“真功夫”快餐和中域电讯，建设东莞市第一条自筹资金、自行策划、自行组织建设的莞深高速公路，背后其实都可以看到这种“敢为人先”的闯劲。总之，我觉得东莞有今天的发展，离不开东莞人身上的这种闯劲！

最近几年，制造业面临一些困难，很多人对东莞的前景感到悲观。其实根本不是那么回事。上面说到了，东莞民营企业在长期陪跑中已经壮大起来了，如今已经有了与外资、港澳台企业分庭抗礼的势头。最近东莞民盈山·国贸中心项目就要竣工了，这个就是东莞民营企业搞的。民盈大厦是东莞第一高楼，整体高度达423米，东莞民营企业的实力可见一斑。而且东莞已经制定了《东莞制造2025规划》，开始搞产业升级，已经开始布局一些重工业、机器人产业和通用机场产业等高端产业。目前，随着华为终端总部的陆续入驻，新一轮发展势头已经起来了。

浠水要发展，那我们浠水人的精神品质是什么？我们有什么样的精神品质支撑源源不断地创新发展？这个是需要我们去思考、挖掘和宣传的，我们真的要学会讲“浠水故事”。

（二）高度重视基础设施建设是东莞经济腾飞的重要原因

路通财通，要想富先修路，这些观念我们那儿农村还在宣传，在东莞，这些早已经变成了现实。东莞的公路密度曾经号称全国第一。是不是第一不重要，重要的是，这种便利的交通条件吸引了众多的客商云集东莞。东莞的酒店业高度发达，就跟这种交通便利分不开。当然，信息时代高速传输基础设施也很重要，东莞小区现在百兆光纤网络已经普及了。反过来，我们看一看浠水的交通，道路，包括网络，就差太远。无论如何硬着头皮都要把这些工作做好，做扎实，然后发展就成为自然的事情了。

我们浠水的道路格局基本还是解放后的格局。新的时期，我们必须要有全域的道路规划，并且有推进计划或者时间表。老实说，我们浠水现在的交通，除了城区稍微有一点规划的影子，其他基本上一直在吃四五十年前的老本。浠水高铁站也是，如果之前我们做足准备，或许又是另外一个结果，浠水站的规模或者不同。前些年，我在网上发帖造舆论，力主武黄城轨过江，形成武汉—黄石—浠水—黄州—武汉闭合轻轨环线，争取让浠水成为武汉城市圈节点城市，如果政府层面多听一下民间的声音，或者可以得到一些启发。现在没有一些奠基性的交通条件，想要在区域竞争中取得优势，太难了。

有兴趣的乡友可以留意一下深圳、广州、甚至香港在交通方面的互相卡位，你一招我一招，刀刀见骨啊！

（三）善于借力借势，是东莞保持持续高速发展的重要法宝

梳理一下，我们可以清晰地看到，东莞发展正是借力借势的典型：第一波，借力港资搞三来一补，前店后厂；第二波是借力台资，建成台商密集区和“世界工厂”；第三波，借力深圳产业外溢，搞产业升级。这不都是借助外力实现的吗？

我们浠水人很硬气，经常喜欢说靠自己。发展当然要靠自己，问题是，借一些外力来发展自己就不行吗？

说起来这里还可以讲一段故事。2009年，我回老家探亲，看到多年还是老样子的家乡，非常感慨，就在天涯论坛连续发了几个帖子：《浠水，你不可以再错失良机》《再说武黄城轨过江》《再顶浠水——关于黄石跨江开发浠水的讨论》《“8+1”还是“7+2”——三谈黄石浠水合作》。这些帖子引起了网友和媒体的关注，有些还曾在天涯社区论坛置顶讨论。

系列帖子发表，很多浠水网友加入了讨论，有些直接很硬气地说，发展靠谁都不行，还是要靠自己。也有网友和媒体非常赞赏我的一些看法。黄石《东楚晚报》报道《浠水跨江“约会”黄石谈开发》直接引用这些帖名，表达浠水网友心声。我的系列帖子看似有些激进，但其实我是有意为之，故意引导舆论，刺激浠水和黄冈的领导，推进浠水借势“黄石”来加快发展的。事实上多少还是为浠水发展起到了一点造势的作用，对推进后来黄石浠水两地合作以及黄团浠一体化也多少有些影响。其实我的中心意思就是要大胆去借力，借力黄石也好，借力黄州也好，先把自己发展起来再说。

我们浠水是记者县，在世的院士都有三位。前一段看一个报道说南策文院士主导的汽车电池项目实现产业化。这些都是浠水的好资源啊。

我们浠水可借的势和力还有哪些？我们用到了哪些？还有哪些没有用好用足？我想这个也是值得我们每个浠水人好好思考的问题。

我们如何在发展冲动与留住乡愁之间找到平衡？

乡亲里面有很多高知，见识不同，所以对家乡发展有不同的理解。可能生活在浠水的乡亲，已经没有人再想回到泥砖青瓦的住房时代。“茅檐低小，溪上青青草。”是很有意境，可是真回到那个时代去生活，又有几个人受得了？但是生活在都市里的人，又巴不得在故乡那烧柴的灶火中去回味童年、感受亲情、留住乡愁。巩勇博士的一本《留住乡愁》唤醒了多少浠水游子的家乡情怀？陈润师弟的《一碗枞菇面》，甚至一度造成全民上山找枞菇的盛况。

这是摆在我们面前的一对尖锐矛盾。

浠水需要发展，而且是大发展，这是大趋势，是人心所向。所以今天在家的乡亲，包括我们的父母官，都有大发展的冲动，巴不得大拆大建，巴不得高铁从家门口经过，巴不得到处都建成工厂。

在这样的大势之下，我们的小情怀如何安放？我们的乡愁又如何留住？

这就需要我们找到二者之间的平衡点。

我的意见是，首先要对全县的物质文化遗产和非物质文化遗产进行摸底规划，稍微圈定大一些的范围。一旦圈定，就绝对不许越雷池一步。而且对一些非物质文化遗产还要有挖掘、扶持、推广的政策。因为文化遗产一旦毁坏，再修复起来困难就大多了，甚至有些根本修复不了。

在这个基础上，我觉得浠水面临的最大问题还是发展不够的问题。不仅是要发展，而且是要大发展，要解放思想去发展。这中间必定要面对理性发展与盲目发展的问题，浠水的发展应该是一种谋定而后动的发展，千万不能盲目。就像前几年搞什么养鸡、养牛，事实证明都有些盲目。当然发挥群众智慧不失为一种好的选择，但是政府的引导在哪里？养鸡规模出来以后，政府配套的规范化的引导政策在哪里?难道是先一窝蜂地乱上项目，然后又一窝蜂地消灭项目？现在陶瓷建材行业起来了，我们引导其健康发展的后续政策在哪里？

这几任的领导好像很有点干事的冲动。这是好事情，我们老百姓就要从各方面支持政府工作，同时监督好政府。有三件事看起来这届政府还是能接受意见的：一是养鸡污染的问题，群众呼声很高，现在已经治理得差不多了；二是巴河镇的自来水问题，据说这个多年未解决的问题已经解决了；三是建垃圾处理厂，群众意见很大，现在也已经叫停了。这样的政府还是值得期待的。

四、东莞教育的发展对浠水教育发展有什么样的启发？

我在东莞待了22年了，可以说是东莞教育发生质变的见证者和亲历者。我刚来东莞的时候，老实说东莞教育并不比内地强多少。1996年，我到东莞找工作进的第一所学校是东莞麻涌中学。我进去的时候是吓了一跳的，他们的学生坐的凳子还是我们小时候读书坐的那种条凳，教室也是破破烂烂。我记得我们读高中的时候，当时巴河高中我们都是单人单桌的，教室是在很新的楼房里的。

我想说的是，20多年前，东莞教育各种条件跟浠水差不太多，但是教育质量可以说远远落后于浠水。

但是20年过去了，东莞教育已经完成了华丽转身。

现在东莞已经实现了12年义务教育，教育质量也实现了飞跃。举几个例子更容易说明问题。东莞旁边的惠州，中考光数学一科的平均分就要低东莞30分左右。东莞一所叫东华中学的高中，每年光考清华北大的学生就有二三十人。我所在学校是一所初中，我所知道的很多外地的孩子中途随父母来这里读书的，成绩往往很差，为什么？因为内地的教育跟不上啊。

五、东莞教育为什么会发生华丽转身？

首先是东莞教育的定位相对清晰：办优质均衡的教育，为东莞未来储蓄人才。按照国家发展战略，现阶段国家保障九年义务教育，这个保障，我的通俗理解就是保证每个孩子小学到初中有书读，就是享受普及性的义务教育。先富起来的地区、经济发达地区和先富起来的人们，对孩子教育有更高的要求，并且已经掌握了更优越的教育资源，有能力有条件支撑优质教育的普及化；而经济不发达地区，连教师工资都不能保障，只能勉强普及义务教育。这也是今天基础教育的基本现状。国家现在也在推教育均衡化，这是很好很正确的方向。对在经济方面已经获得了自由的人群来说，他们所需要的不止是普及性的教育，而是优质的教育。所以现在，我所在的这所学校已经准备第二次升级了，政府已经决定投资2.5亿来升级改造，以适应学校未来发展。就在我的学校旁边四千米左右的一处地方，东莞市政府准备投资10亿以上，建设一所未来学校。读书读得好的学生，往高水平培养。

另外一个问题，那些读书差一点的孩子怎么办？东莞让他们读职业学校，为未来培养技能型人才。东莞职业教育非常发达，这跟她的经济体量有关。很有意思的是，前一段时间全国很多大城市“抢人”，有本科就可以可落户。东莞没有北上广深有吸引力，怎么办？东莞抢“中专生”，抢“技能型”人才，有技术的也可以落户。

更重要的是，随着经济差距的日益扩大，现在这边教师的工资待遇好太多了，源源不断的优秀师资往这里聚集，已经为这里的教育蓄积了丰厚的教师人才储备，教育发展越来越好已经成为了必然，人才资源优势越来越大。

所以现在东莞的教育，正在朝着优质均衡的方向飞速发展。

说回到浠水的教育现状，我真的很有些担心。一是我们经济要发展，哪儿来这么多钱去还教育欠账？二是我们的很多教育观念已经远远落伍了。回去探亲的时候，常常听说孩子没有人管，从学校跑出去上网这样的事情。父母不在身边，隔代教育的情况比较普遍。有时听一些年轻的父母讲：管他呢，等他初中毕业跟我出去打工。本身隔代教育就是问题，如果再加上父母糊涂，孩子基本就没得救了。

两个问题值得我们警醒：一是我们浠水基础教育面临的问题究竟可解不可解？二是如果我们都把孩子培养定位为读完初中出去打工，那浠水的未来在哪里？

总之，教育就是浠水的明天！某种程度上说，今天就是明天！

2019年5月

评“现在的官是越来越不好当”

8月15日的《中国青年报》，以“长沙实施行政问责制，官员感叹‘官越来越不好当’”为题，报道了《长沙市人民政府行政问责制暂行办法》从即日起施行的情况。报道中提到了长沙一些官员的感叹：“现在的官是越来越不好当了！”我想，这何尝不是我们今天官场的一个真切的普遍的感叹啊！对这个“官越来越不好当”，本人也是颇有一番感叹的。

先说这种感叹产生的背景。多少年来，我们的官场一直都是一种最稳定、最低风险、最高回报的行当。除非犯严重错误、触犯党纪国法，一般都是青云直上，由小秘书慢慢熬，熬到五十多岁，一路提拔，一路享受党和国家给予的丰厚回报。至于责任、至于干了多少实事、至于口碑，很多官员显然是不怎么当回事的。所以，在一般官员眼中，官自然是好当的！所以，感叹“官越来越不好当！”的背景原来是：以前的官太好当了！

再来谈谈官究竟应该是好当还是不好当的问题。

我说，官应该是不好当的！你想啊，负责一个部门，千头万绪，错综复杂的关系，该涉及多少学问啊？得具备多么过硬的能力啊？拿一个市长来说，你得有点哲学头脑、得有魄力、得有开阔的视野、得懂经济、得懂法律、得懂管理、得懂决策、得懂交际、得有亲和力，更高的要求还得会一两门外语。这一切，能说容易吗？

那为什么以前的官就那么好当呢？我看原因是两方面：一方面是我们的老百姓太“善”太“迂”，说啥做啥，全听领导的。官就是老大，官就是皇帝，你说这官还不好当吗？另一方面是我们的有些官员“无畏”，什么都不是，什么官也都敢做，有些甚至用钱买官做。其实他们与其说是做官，倒不如说是混日子的好，我们说他们是一群官混是不为过的，成天一张报纸、一杯清茶，什么事都不干，那日子多滋润！他们能说官不好当吗？

世易时移，如今我们的老百姓觉醒了，我们的党风政风变了，靠真本事、凭真能力吃饭的时代到了。这就难怪那些还想躺在以前的安乐窝中混日子的官员会惊呼、要感叹了！不过，长沙还仅仅只是开始，我们衷心希望长沙这把火能烧得更旺，能让我们的官员对当官感到“畏惧”，感到一份沉甸甸的责任；能让我们所有的官员明白：官不好做，有好的回报，更有巨大的风险，要珍惜人民赋予的权力，真正地为人民服务！

倘有此效果，我看长沙施行行政问责制的意义就远非使一些官员感叹这么简单了！

2003年8月17日

评“文学金奖得主高考作文仅得25分”

这段时间，热炒高考话题的新闻颇多，近两天我注意到各大网站、报刊都在登载的“文学金奖得主高考作文仅得25分”这则报道。报道中特别请出“名师”，请出著名作家，力图表明判卷有误。报道中还特别提到：该名考生是文学金奖得主，还是著名文学评论家某某的女儿，某某大学计划自主录取她云云。

我本有意了解一下这则新闻背后的东西：或者是阅卷操作过程有什么不合理；或者是作文命题有什么问题；或者是考生发挥失常等等。但我看完之后，这些东西全然没有看到，反倒产生了一种强烈的感觉：是不是有人想借助媒体搞特权？又是找名师，又是请著名作家，还要讲是文学金奖得主、著名文学评论家的女儿、某某大学计划录取等等这些信息给了我这一判断有力的支撑。

我们知道，高考是一种选拔性的考试。在这种考试制度面前，我们每个考生都应该是平等的。这种平等，包括地位平等、机会平等、风险平等等多方面。所以我们考生的试卷要密封、我们考生被允许的答题时间完全一致、我们考生必须为所作的选择和思考承担相同的风险。

报道中特意强调考生的身份是“文学金奖得主”“著名文学评论家某某的女儿”，究竟用意何在？另外，找“名师”、请著名作家，那些农村的孩子哪来这些条件啊！再说，高考本身就意味着风险性，一个考生平时成绩好，并不等于他高考的成绩就一定也好。说到作文，也一样，你必须为你的选择承担风险。用209字的诗歌来完成高考作文，被人“一刀砍下”的可能性不是没有，作者承担了极大的风险，同时也获得了成功的机会。还有，找著名作家为著名文学评论家的女儿的作文作评论，找老师来为自己学生的作文作评价，这中间的公正性客观性谁敢保证？

总而言之，这则报道向我们传递了一个值得警惕的信息：有人欲借助媒体，借助人们对高考制度的某些不满搞特殊化、搞特权！我本无意说我们的高考制度本身有多完美，我一向主张它要朝合理的方向改。但如果我们连在规则面前人人平等都保证不了，那我们的高考制度的严肃性将不复存在！因此，怎么改都好，人人平等的原则不能改！

2003年8月

第四篇

生活之美

- 情缘之美
- 行走之美
- 梦想之美

60周年校庆断想

一

今年是茶山中学建校60周年，到今年她刚好走完了一个甲子。

从一个人成长的过程来看，按照中国人的传统观念，60年是一个人走向衰亡的重要时间节点。往前的60年，他要经历从蒙童到弱冠、到而立、到不惑、到知天命以至耳顺的漫长过程，这个过程的终点就是他人生的甲子之年。往后的岁月，年近古稀，生命不再旺盛，也意味着生命将逐渐走向消亡。

但是随着社会发展，现代人的寿命在不断延长。60岁以后，很多人正在焕发生命的第二春。东莞市日之泉集团有限公司的老板就是退休以后才开始创业的。我们党和国家的领导人，也大多是到60岁左右还处在人生的巅峰状态。

这样看来，越往后60岁越不能成为生命消亡的时间节点，而是生命向更高质量更富智慧跃进的一个起点。

二

学校毕竟不是一个人，她没有所谓生理上的衰亡期，所以她也不会有60周年即将老去的担忧。但是无论如何，60年就是60年，60年的发展留下的一些遗憾，我们没有办法回避或者装作看不见。

茶山是一个具有深厚历史文化底蕴的地方，是东莞的一个“文化巨乡”。南社古民居有600多年历史；茶园游会有约500年历史；东岳庙有近

500年历史。

茶山历史名人和大师级人物也是星光璀璨：有官至左丞相的何真；有追随文天祥抗元的民族英雄叶青；有跟随左宗棠在新疆平定叛乱被封为“建威大将军”的谢遇奇；有以画马著称的大画家张穆；有哲学家林光；有国画大师黄般若等等。他们都是自己那个时代独领风骚的人物！这些灿若星辰的茶山前辈，令人景仰！

回望我们60年的教育，我们不免感到汗颜。

虽然我们60年的教育，也为东莞本地培养了数以万计的地方各级各类人才，可是这些人才又有多少真正成为了全国或者区域的顶级人才呢？这个方面，跟茶山这片土地上的先辈们相比，我们根本就难以望其项背。这是我们最大的遗憾！

三

不是说茶山中学已经上来了吗？不是说优秀生源都回来了吗？

是的，茶山中学上来了！优秀生源真的都回来了！

2018年，我们有109位学子进了可以冲击重点本科的东莞最好的示范性高中，其中有26位学子上了东莞最顶级高中。假以时日，这样阵容的优秀生源一定会转化成为优秀人才。而这种优秀人才的成倍增长，必将托举顶尖人才的脱颖而出，必将一洗我们顶级人才欠缺的颓势。

现在我们需要的，仅仅是时间！

60年，我们留下了一些遗憾，但也播种了希望！更重要的是，我们认识了生命的真谛：60岁的茶山中学，更懂得向更高质量更富智慧的生命状态跃进！下一个60年，我们充满期待，也信心满怀！

2019年11月

奔跑吧，青春！

前一阵巡视课堂时，我发现一间教室里张贴了一幅大的宣传画，主题是“奔跑吧，青春！”。突然之间，我被深深触动，思绪一下子回到了青春年少的时代。

20世纪80年代中期，是中国改革开放风起云涌的时代。人们每天谈论的最热的事情，毫无疑问是洛杉矶奥运会和中国女排几连冠。体育的日益强盛不断提振着民族的自尊心和自信心。那时我正在读初中，也正是热血沸腾的时候。也许是被体育精神召唤，也许是因为体育成绩较好，我被选入了学校的田径队，跟着一群大哥哥们练跑步、练投掷。于是每天早晨五点半我们就要到操场上训练。冬天的时候，早晨五点半，天还没有亮，雾气也很重，我们就在只能看到人影的雾中奔跑，一练就是三年。三年下来，我的力量、耐力和身体素质得到了极大的提高。在全镇中学生运动会上，我竟然创造了铅球纪录。

后来一直到高中、大学，我都经常拿铅球投掷冠军。据说直到如今，学校铅球纪录保持者依然是我。前几年茶山镇举办教师运动会，我依然可以跟年轻教师们一较高下。

少年时代运动打下的底子，至今还在保障着我可以有充沛的体能去完成每一天繁重的工作。这是运动带给我的额外收益！

我很好奇：眼前活跃着的这一群花一样年龄的少年，看到墙上的“奔跑吧，青春!”不知会不会也有像我这样的触动。

毕竟是时代不同。如今的他们，深为作业所缚，难得体育锻炼的时间，看着眼前偌大的“奔跑吧，青春！”无动于衷，其实也并不令人感到奇怪。把“奔跑吧，青春！”贴到墙上，已经有一点赶他们出去活动锻炼的意思了，足见老师们的用心。古人云："不忘初心，方得始终！"能在紧张的学习之余，不断提醒孩子们锻炼身体，这或许也算是不忘教育的初心吧！

但是很显然，老师们把"奔跑吧，青春！"贴到墙上，用意还不仅仅是把孩子们赶出去活动这么简单。我知道这些年跟我们一起战斗的这些同事们，他们早已经像上足了发条的手表，在精准地计算着每一节课的效率。他们知道，身体上的奔跑固然重要，精神上的奔跑才是致胜的关键！所以，他们要时时刻刻地提醒孩子们奔跑！

前一段时间网上流行着马云先生的一个很火的帖子，名字叫《不吃苦、不奋斗，你要青春干什么?》。同事们肯定也看到了这个帖子。他们是在用同样的方式教育着孩子们：在这个万马奔腾的创造时代，除了在身体上要与人赛跑，我们也要在精神上与人赛跑！

三十年前的奔跑，为我打下了三十年不倦前行的身体底子。

三十年后，老师们用饱含深情的话语提醒着我们的孩子，除了身体上奔跑，还要在精神上奔跑。这又将塑造出怎样的一代新人？

奔跑吧，青春！奔跑吧，茶中人！

2018年5月

宏伟的诗心

本来，我没有资格来为黄宏伟老师的这本诗集写序言。一是在我心中，黄老师是我永远的导师，我永远是他的学生；二是以我的水平，我以为我永远也不可能真正走进黄老师那博大深厚的内心深处，真正去读懂他那颗敏感宽厚有爱的诗心。

可是我必须接受这个艰难的任务，拿出我的全部真诚和热情来完成黄老师这个最后的心愿！这也是我借以缅怀黄老师的最宝贵机会。如果可以，我愿意把这篇序言定名为《宏伟的诗心》。

一般而言，当一名教师，在教书育人的同时，能够在专业上小有成就，就已经非常了不起。黄老师供职于东莞中学初中部十多年，培育的英才数以千计，成绩斐然；更难能可贵的是，在专业发展上，他造诣更高。他已经连续多届主持东莞市黄宏伟名师工作室和广东省黄宏伟名教师工作室，早已是广东省著名的特级教师。所以，说起他的成就，我们用“了不起”来形容，已经是不够准确了。

更令人叹服的是，黄老师还是一个笔耕不辍的教育诗人。这本集子就收录了他的诗作260余首。而据他本人讲，他的全部诗歌作品有千余首。工作之余，笔耕不辍，永葆一颗诗心，永远像个孩子一样地去发现世间的美好，去热情歌唱生活，这种乐观向上的生活态度，是他留给世间的一笔巨大的精神财富！

走进黄老师的诗中，一种温暖亲切的气息扑面而来，你能自然而然感受到一个敏感多情的灵魂在诗歌的天地里自由驰骋。

从北国南来东莞，黄老师深深爱上了岭南这片热土。透过他的诗作，我们仿佛看到一个快乐的歌者，一直在他生活的这片热土上边走边唱。他歌唱这里的一草一木，一园一景；他歌唱这里的气候、人文，甚至是每一天的庸常生活。他歌唱黄旗山的灯笼、彭峒山的濂泉、植物园的小径、虎英公园的人潮、同沙公园的悠闲；他歌唱茶山的公仔、周屋的稻田、学院路的紫荆、国贸城的繁华……岭南大地上的罗浮山、白云山、南昆山、湖光岩、流花湖、海珠湖、梅花园、海心沙、纪念堂、北京路、越秀公园……到处都留下了他的足迹。走到哪里，他就行吟到哪里。他是那样的热情洋溢，是那样的激情满怀，每一朵花开，每一场风雨，每一次邂逅，甚至是每一次学习教研，他都能真诚地赋诗歌唱。

爆竹花开

爆竹花开火样红，枝头怒放绽俏容。
藤蔓纤细随风舞，富贵吉祥情意浓。

倚树听流泉

日暮山渺远，风轻鸟盘旋。
极目望四野，倚树听流泉。

雨中登水濂

空山新雨后，水濂景更幽。
青树扶翠幔，野径伴溪流。
亭台入画屏，烟岚笼云岫。
鸟鸣隐隐来，笑语盈盈走。

研修有感

跨学科来搞研修，站在教改新潮头。
惯常思维受冲击，互相借鉴和渗透。
教学方法有不同，学习情景共追求。
比较移植再聚合，融汇共生向前走。

甚至对别人眼中的“空城”，他也一样热情歌唱。

“空城”亦风景

空城也能成风景，详实数据来证明。
经济发展在腾飞，特别感谢外来工。
不远千里到莞邑，勤劳智慧拼人生。
海纳百川才博大，成人达己得双赢。

不单是岭南大地，他脚下的梅州、福建、欧洲……所到之处他都可以放声歌唱。他把对生活的热忱全部化作了对生命的礼赞。

游梅州糖肚村

梅州大坪糖肚村，绿树青山景色新。
好友故居在此处，更比桃源美三分。
柿子香蕉红桑葚，溪流农舍肥鸡豚。
信步徜徉田塍上，农民抛秧又耕耘。

重游永定土楼

重游永定土楼群，建筑奇观惊世人。
中原南迁聚族居，客家文化传古今。

记游佛罗伦萨

徜徉百年古城中，眼前所见大不同。
文艺复兴发祥地，古老文明有实证。
圣母百花大教堂，大卫站立望天空。
诗人但丁留《神曲》，米开朗基是全能。
翡冷翠的那一夜，志摩挥笔抒深情。

跟所有游子一样，黄老师也总是深深眷恋自己的故乡和亲人。他歌唱古中州的人杰地灵，他歌唱家乡的榆钱饭、腊八粥，他歌唱驻村时吃过的霜降柿，他歌唱家乡的秋霜。他絮絮叨叨与亲人聊短话长……透过他的诗作，游子心中跳动的赤子情怀跃然纸上。

想起故乡

中原腹地黄河南，哺育神州是摇篮。
造纸火药指南针，四大发明占其三。
古都数量居鳌头，天下名人中州半。
老庄墨子韩非子，文明繁衍广流传。
历史贡献很显赫，精英输出不间断。
举家迁徙求发展，遍布闽粤川藏滇。
翻开家谱仔细瞧，追踪溯源到河南。
华夏本是一家人，携手并肩更向前。

梦回故乡

淡淡远山淡淡水，幽幽洞箫幽幽吹。
半壶浊酒半壶愁，一行归雁一行泪。
静静山村静静美，袅袅炊烟袅袅飞。
万里乡关万里远，梦里相思梦里回。

致亲人

相亲相爱一家人，互谅互助感情深。
婆媳妯娌和姊妹，相遇相守是缘分。
勤奋向上有作为，孝老敬亲懂感恩。
今为爱峰歌一曲，道德模范获公认。

读黄老师的诗，我们的胸中也时常会激荡着一股英雄豪情，奔涌着一腔爱国热血。带着可贵的天真纯朴，黄老师这样充满深情地吟咏英雄。

忆英雄

青山处处埋忠骨，
何须马革裹尸还。
每思祖国金汤固，
常忆英雄铁甲寒。

“八一”有感

“八一”节里谒英雄，

耳畔犹闻枪炮声。

前赴后继纾国难，

军民团结铸长城。

“9·3”抗战胜利日，他近乎说话般表达自己的情怀，那样坚定，那样斩钉截铁！

“9·3”抗战胜利日有感

历史不容忘却，

惨剧不能重演。

建设强大祖国，

捍卫民族尊严。

面对突然的身体抱恙，黄老师始终乐观以对。

国庆有感

今天值得记在案，也为祖国表祝愿。

于无声处有惊雷，无边愁云得消散。

顽固沉疴已消除，幸有高人来救援。

感激感动更感恩，珍惜珍重向明天。

从容应对生活

从容应对生活，包括天灾人祸。

生命长短不已，最终各得其所。

享受当下平常，悠闲忙碌沉默。

不惧波澜坎坷，接纳化解超脱。

昙花努力一现，鸣蝉夏日聒聒。

光怪陆离世界，芸芸众生走过。

他就这样深情地歌唱东莞，歌唱岭南大地，歌唱他到过的每一个地方；他就这样歌唱深深眷恋的故乡和亲人；他就这样歌唱英雄和亲爱的祖国；他就这样歌唱自己的生活。闻一多先生说：“诗人的主要天赋是爱，爱他的祖国，爱他的人民。”细细品味，我仿佛看到，跟历代文人墨客一脉相承，黄老师身上也分明流淌着爱的热血。走进黄老师的诗中，你总能够感受到他那颗敏感宽厚而有爱的诗心。

从艺术形式和风格上看，黄老师的诗多为古体诗，浅白清新，平淡自然，颇得陶诗神韵。有些地方，甚至比陶诗还陶诗。

岭南有奇果

岭南有奇果，名曰树菠萝。
长在枝干上，叶落果不堕。
初生像荔枝，累累很丰硕。
渐渐长成形，足有十斤多。
人称果中王，百斤也有过。
近看如纺锤，远观似鸟窝。
果肉很肥厚，消肿又泄火。
单是看图片，心中生诱惑。
有幸得品尝，直言真不错！

新年祈福

日子过得飞快，眨眼又是一年。
天天忙这忙那，简要来个盘点。
从事教育工作，丝毫不敢怠慢。
习惯早出晚归，生活平淡安闲。
假期东奔西走，跨越万水千山。
美景留在心中，诗篇写过若干。
时常看看微信，推荐图文经典。
感觉还算年轻，设想还很长远。
身体突发状况，数次出入医院。
多亏仁医圣手，暗暗唏嘘感叹。

心情基本平稳，抛却诸多羁绊。
珍惜当下时光，散步游泳睡眠。
祝福亲朋故旧，祈求来年康健。
路上阳光正好，抬头仰望苍天。

如果单从严格古体诗格律上讲，也许有人认为黄老师有些作品看起来不像是诗歌。我想，这个时候我们应该回顾一下历史：当初，新诗刚出来的时候，很多人不也是认为新诗根本就不是诗吗？历史发展证明，所有有利于诗歌发展的探索，都应该被鼓励。对黄老师的诗，我们的态度也一样，不要太纠结于是不是严格押韵，而应该看到黄老师挣脱枷锁的努力！如果所有人都可以像黄老师一样坚持创作诗歌，那么我们甚至可以大胆猜想：中国古体诗的发展早已经是另外一番模样！

从根本上来说，黄老师的诗更重“抒写性灵”，他的诗歌创作不过是借了古体诗的一个壳而已。形式上能依规矩，他尽量不破坏，如果规矩伤害到了表达，他最敢于突破。这恰恰是一种率性之美、本真之美！

倾尽洪荒之力，我的愿望是能剖析“宏伟的诗心”之一二。可惜力有不逮，或许我根本就没有真正走进黄老师的诗中。愿天堂里的黄老师可以原谅我的浅薄，祝福所有读者能从黄老师的诗中获得真诚、温暖和前行的力量！

是为序。

2019年5月14日

（此文系为黄宏伟老师诗集所作的序言）

情缘之美

屐履声声

屈指一算，已经在茶山生活十三年了。蓦然回首来时路，屐履声声恍如昨。

（一）

十三年前七月初的一天，当我兴冲冲地到茶山中学报到的时候，一个意想不到的情况出现了：我得马上返回老家去，因为这边要放暑假了，而离新学期开学还有近两个月的时间，学校对新老师没有食宿安排。从湖北千里迢迢赶过来之前，我压根儿就没想到这一点，身上的盘缠最多也就只能支撑一个星期。人生地不熟的，我该怎么办？

我怯怯地找到当时的袁兆麟校长。没想到，袁校长马上叫人事干部帮我在财务借了一千元钱。当时的我有点傻了：一下子借这么多钱，这可是我一个学期的生活费的开销啊！我还没上班呢！而且我跟袁校长仅仅才见过两次面……不但我自己吃惊，就连当时的财务人员也都呆了。后来我隐隐约约听到人事干部跟他们解释说：新老师报到就开始有工资的，等开学后还你们。

于是，怀揣着这沉甸甸的一千元钱，带着极大的成就感，我放心地往湖北老家赶。在武汉下火车后，我急匆匆地跑到汉正街，花了三百五十元钱买了一台熊猫牌的17寸黑白电视机。我想给父母带回去一个惊喜。那时候，村子里很多人家都已经有电视机了，而为了让我读书，父母多少年都在节衣缩食，舍不得买电视，要看电视，总得在晚上收工以后，摸黑跑到人家家里去看。

电视机抱回家了。我把它小心搬到家里的大桌子上，打开电视机，拉开天线杆，把声音调到最大，等着父母回来。

快到吃午饭的时候，母亲回来了，眼睛瞪得老大："哪来的电视机？"

我故作神秘地回答说："我买的。"

"你哪有钱买这东西？"母亲以为我说笑，带着一万个不相信地反问我。

我知道，要母亲马上接受这个事实有些困难，她哪里知道她的儿子连一天班都没上就有工资拿；她哪里知道，天底下有一位那么好的校长，让她的儿子借支了工资，这么轻易地就完成了她多年未遂的心愿：能在自家的屋里看自家的电视。

经过一大番的解释，经过一大番的"审问"之后，母亲终于喜上眉梢。等父亲回来的时候，母亲打趣道："你喜欢看电视，现在可以看个够了！再也不用摸黑跑到人家家里去看了。"父亲嘿嘿笑。他虽然没有说什么话，但我感受得到他内心的高兴，中午吃饭的时候，他还特意要我陪他喝了一盅小酒。

这是生命中一个让我倍感温暖的瞬间。

也许在别人眼里，借一千元钱是一桩小得不值一提的事情，可是在我心中，这一千元是如此沉甸甸，以至于每每想起这些，一种幸福感就像电流一般霎时传遍我的全身。而我一直把这种幸福感跟那位可敬的老人联系在一起。

（二）

刚参加工作那阵子，我还是个愣头青。学校领导看我年轻，有时候就把一些要写点文字的工作交给我做。

有一次，学校组织初三学生为中考宣誓，要我写一份誓词。那时，我自认为文字功底还不错，所以很快就写好了一份初稿：

我们是奋飞的雄鹰/迎着初升的太阳/渴望在辽阔的天空中一展英姿/渴望火一样的青春放射光芒/我们是祖国的明天/人民的希望/我们决心百折不回/要去实现远大的理想/我们是茶中的学子/我们要为校争光/我们决

心全力以赴/我们要创造中考的辉煌。

我以为这份稿应该足够交差，心里还多少有点得意。稿件交到了当时的教导主任林维新老师那里。当天下午，林主任找到我，把初稿还给我，并跟我商量说：誓词是全体学生一起读的，节奏方面是不是要更整齐一些为好；另外，是不是每一句都以“我们”开头显得更有气势一些。听他这么一讲，我着实大吃了一惊：句句切中肯綮啊！没想到一个数学老师（林主任当时教数学）有这么好的文字素养。更让我难忘的是，一直以来，我在写“迎着”的“迎”字的时候，都把“卬”部写成“卯”部，林主任这次还很细心地在初稿旁边为我作了纠正。

之后，林主任一有新的诗作问世，总会送一份给我，而且每每还要写上“占澜老师雅正”字样，我简直有些受宠若惊。间或，林主任也会推荐一些像《诗韵合璧》之类的写诗的入门工具书给我，鼓励我多去学习，只可惜我实在太愚钝懒散，所以写诗方面始终都没有开窍。

不过，再想起这些事情的时候，我的心里仍然充满了感激。

（三）

在参加工作的头几年，袁暖桥老师一直是我的年级长，也是我的语文同行。在最初给我较大影响的几个茶山人中，他算是与我交往最多的了。

做事认真、细心，为人又平和，所以他所在的级部总是管理得很好。

每一天观察到的情况，他总会记录在一个本子上，学生中间出现的什么问题，他都录有“案底”，很多学生很怕跟他谈话，因为他会翻出“案底”来，一件件跟你“算账”，没得抵赖。

而学校对老师有什么要求或者指令，他总是非常清晰地一条一条认真地写在办公室的黑板上，我们每天回办公室也总会习惯性地先看一看黑板。办公室人多，个别老师有时不经意中把喝过的茶叶倒在洗手盆里，把垃圾丢到了垃圾桶旁边，这些细小的方面，他都会善意地提醒大家。

我最佩服的是他对每件事的安排总是那么的妥帖。每一次的家长会，是级部头绪最多的事情之一。大到会议议程设置、场地和器材等的准备，小到安全措施、指挥停车、道路指引、教师家长交流的安排、学生的安排等等，他都设计得近乎完美，我们这些手下的人基本上只要按照他的安排去做就行，工作起来非常轻松愉快。

几十个来自不同地方的同事一起共事，人人都有自己的习惯特点，要把大家团结成一个和睦的整体，其实相当不容易。而他总能做到这一点。时不时，他会安排大家一起喝喝糖水、吃吃蛋挞；有的时候，还带大家出去吃吃饭。说说笑笑之余，同事们之间也在无形之中增进了了解。

对新来的老师，他也总能竭尽所能地提供帮助，不使掉队。刚参加工作时，我很有点“水土不服”。许多学生“欺负”我听不懂白话，常常冷不丁地用白话在课堂上“戏弄”我，我很生气，常常跟学生急。见此情景，他非常诚恳地找我谈，叫我不要当真，小孩子就是小孩子，要多点耐心，还要思考一下跟他们交往的方法。他还鼓励我说，现在是茶山人了，要会讲茶山话才行。虽然当时心里还是有些情绪，但事后冷静一想，这些话其实是最最实在的一些话，这些年对我影响殊深。

其实，从袁暖桥老师身上学到东西的岂止我一个人，我甚至认为有一批人是在他的影响下成长起来的。

一路走来，虽是屐履轻轻，脚步声却不曾湮灭。这些人、这些事和着这款款脚步声，恰似一曲曼妙的音乐，启迪着我的人生：充满感激，带着回味，不倦前行。

谨以此文，向这些可敬的师长们致敬。

2009年10月

（此文收录于茶山镇文学作品选集（一）《青鹤湾》）

牛仔包的故事

前不久，因上课时见到一些学生完全不听课，愤而批评道：你们这样学下去将一事无成，没有出息！

本来，我也就是想把话说重点，刺激一下他们已经近乎麻痹的神经：都快中考了，怎么能这样破罐子破摔，不负责任？不想，我这一声吼，却激怒了一位女生，她反问我道：你做老师就是有很大出息吗？

我很惊讶，很气愤：一个学生，而且是一个女学生竟然可以如此的目中无人，气焰还如此的嚣张！更难让人理解的是原来在他们的眼中，老师竟意味着没出息！

难道要在课堂上同她吵架吗？而我这样同她辩下去岂不是让其他学生看笑话？如果我就这样不辩解，我还有我们的全体老师，岂不威信扫地？

冷静下来之后，我说我给大家讲个故事，讲个牛仔包的故事。

我说，十年前，有个年轻人，大学毕业时，一个人背着个牛仔包离开了学校，也离开了自己的家，来到南方，来到这里。他没有一个熟人，没有任何可以依靠的关系，甚至没有可以支撑他十天以上找工作所需要的费用，而且连这仅有的一点费用也是他在出发前向朋友借的，他所有的行装就是一个牛仔包！一个牛仔包！可是十年后，他的学生已经一批又一批地走上了工作岗位，他也在这异地他乡建立了幸福的家庭，过上了虽不富裕却也算是有楼有车的生活。

我的故事讲完时，教室里一片寂静。

我有点为自己要跟学生在同一个思维水平上展开对话感到无奈，但现实就是这样子：今天的学生再也不是20年前甚至10年前的学生了，他们可以什么都不是，但他们可以藐视一切！但愿这是我的偏激！

2006年6月

兄弟，在天堂里走好

我万万想不到，比我还小的国弟，走了。

这是昨天跟姐姐一起吃饭的时候偶然间听到的消息。听到消息的那一刻，我是多么震惊！我责备姐姐没有第一时间告诉我消息。等我知道这一切的时候，他人已经走了近五个月了！

国弟和我是同一个小山村里走出来的伙伴，我们同一年考上大学，曾经是村里的骄傲。可是仅仅十四年，已经通过自己的努力干出一番事业来了的他竟然就这样离开了！我不知道此刻该怎样表达我的悲痛！

我甚至不敢在这个时候打电话去宽慰一下伯父，我怕我的迟到的宽慰变成矫情：人活着的时候，你在干吗？

是的，平时真的连问候一声的时间都没有吗？我无法回答！我没有借口！我只能把这一份对兄弟的愧疚永远地保存在心里！

还隐约记得当年我带着他到王宿山放牛的情景。那时，我们把牛抛在半山上，然后他就和一群差不多大的小子开始死缠着我讲故事，我就把看了的一个讲少林俗家弟子的故事讲给他们听。

从前，有一个人被家人从小送到少林寺习武，多年以后，他回来了。家人就问他：出去这么多年，学到了什么本领没有。开始他说师父天天就叫我装满一锅水，用巴掌去拍，我没学到什么本领。家人一听都气得发抖，大骂他没出息，说人家到少林学一身武艺，你到少林就学拍水？不行！你得当大家面表演表演！他被逼得没法，朝桌子上一巴掌，说道：我就是没有学其他嘛！结果，桌子应声散成一堆废木，家里再也没人敢吱声问他的武功了。

不知天堂里的国弟能不能再听到我给他讲的这个故事。

从昨天到今天，我一直在网上搜索他的消息，除了《于无声处听惊雷——东风商用车江苏市场在突破》这篇载在《商用汽车》杂志2009年第9期的文章提到了他，除了东风汽车公司为汶川地震捐款名单上有他之外，我没有找到更多其他的文字。

偌大一个东风商用车公司，对一个江苏代表处副总经理的英年早逝竟然没有只言片语！我简直有些愤怒！

反过来我又问自己：我去指责别人，我自己又做得怎样呢？我无言。

广东有一句话叫“搏命”，讲得真是太实在了！可是用命去搏，把命失去了，换回来的又是什么呢？是亲人的无尽的泪水！

我还不知道他的孩子现在几岁，在如何苦盼爸爸归来！

我不知道他的爱人怎样去面对今后漫长的人生苦旅！

我不知道他的父母怎样挨过白发人送黑发人的揪心一刻！

兄弟，也许你并不需要那样搏命证明你自己！像那故事里的出家人一样，一巴掌已经足见功力了，你还证明什么呢！

兄弟，在天堂里走好！

2010年10月2日

一份特别的问候

教师节前，我收到了一份特别的问候：老师，祝您教师节快乐，身体健康！

咦！怎么是他？我真有点不敢相信。

教师节前收到学生的问候本不稀奇，在教的、已经毕业的，每年都会有一些学生在这个时候给我送来一些问候。可是收到他的问候，还是让我感到特别惊喜。

他2011年秋季入学，是我永远都忘记不了的一个学生。那时学校比较艰难，我刚刚担任级长，憋着一股劲，想改变一点什么。刚好我教他语文，对他比较了解。

他人很聪明，但并不讨人喜欢。当年他爸是校车司机，不知道是不是仗着这个，他胆儿特大，话特别多，动辄顶撞老师，就像总在跟老师作对一样。入学大概两个月左右，他就带一群人去初二年级打架。

一个初一的新生去初二年级打架？这还了得！

碰到这样的事，没得说，逮到就是狠狠地一顿训，我还给了他记过处分。为此他爸还跟我吵了一架，直至闹到了校长那里，我仍然毫不妥协。我当时甚至想：孩子这样，家长还这么胡闹，这个孩子是不是没办法教了？

果不其然，孩子最终的情况跟我预料的差不多。三年，这个孩子始终没有办法做到把自己的聪明才智用到学习上，甚至一度发展到了早恋，还不知悔改。最后是班主任求情，念他成绩尚好的分上，毕业前取消了对他的处分。一流的智商，毕业的时候，也只能成为一名二流的毕业生。他的经历，让人感慨！

让我印象深刻的还不仅仅是他这三年的表现。

自从我处分了他，他就把我当成了敌人。他本来就桀骜不驯，处分了他之后，他变得更加敌视我。尽管我早早就已经跟他的父亲达成和解，三年间我也不时地找他聊天，试图缓和关系，但是这根本改变不了他对我的敌视。非但关系没有缓解，私底下他还想尽办法对我做手脚“报复”我。有同学向我反映说，每次评价老师时，他都会纠集一帮同学给我“差评”。因此教他的三年，每年的学生打评，我都毫无疑问地成了年级倒数第一。

可气可是好像又没有什么办法。就这样，我背了三年的黑锅。把他送毕业的时候，我长长舒了一口气。

可是，那一届学生一直是我最为关注的，因为毕竟做了三年级长，我真真正正地陪伴了他们三年的每一个清晨、黄昏甚至夜晚。在我和老师们的严厉管教下，那一届的学生第一次摆脱了困扰学校多年的抽烟陋习，这一直是我最感到骄傲的事。

虽然心里多少有些芥蒂，但他们离校以后，我对他们的牵挂一点也没有减少。间或我会收到他们的一些消息，知道他后来考到了广东金融学院。我通过其他同学捎话，还带去了我的祝贺。

不过直到这个教师节我收到他的问候，我们师徒才重新对上了话。

这个等待有些漫长，但我觉得并不算太晚。教育有时候就需要等待，毕竟他找到了正确的方向。

“你长大了！”我最后回他。

我想，对他来说，那一天也一定极不平凡。

2019年10月

远山的呼唤

姐姐从老家来，说起我一儿时伙伴卫国弟，不禁黯然神伤：年仅37岁的他，已经溘然长逝！听到这样的消息，我着实震惊了一回，当即在百度贴吧写下了《兄弟，在天堂里走好》的祭文。

听说国弟最后安葬在了村边的王宿山下，这让我仿佛听到了故乡的呼唤。

那是一片让我魂牵梦萦的土地。

那山·那人·那故事

王宿山，山不算太高，在方圆数十里却算得上名山了。

这跟这座山的名号有些关系。相传，古时有一个诸侯王从北方一路落荒逃来，至县西六十里，饥肠辘辘，刚好发现一只白鸡在田畈觅食，于是命随扈围捕，追至一座山岭终于拿下。随扈立即烹煮，未料在翻过一座山岭时，一不小心，把一罐鸡汤给泼掉了。眼看天色将晚，王心急如焚，望见五里地外的一座大山，即命前往歇息留宿。后人为了纪念王的这一段落魄经历，于是把上述几个地方依次命名为白鸡畈、打鸡岭、汤泼岭、王宿山。

小时候，我和国弟一起在王宿山上拾过柴、放过牛、讲过故事、打过雪仗，还上山偷过知青林场的甜瓜，喝过庙前山井里的菩萨符水。

上高中以后，回家的时间渐少，而每次回家，我都会到山上走一走，顺着砌得整整齐齐的石级而上，或者绕着盘山公路而行，看满山的松树婆娑，看庙前的茶田纵横，看远处的巴水悠悠，看山下的碧野茵茵，听麻雀啁啾，闻鹧鸪低鸣，那是一份怎样的愉悦情怀！

那时的国弟已经举家迁往三十里外的巴河镇，每当我返校见到他，必定第一时间问起山上的情况：庙前的井水还甜不甜？山上又长出松菇了没有？有没有野兔山鸡？大洼那边是不是还是那么阴森森的吓人？

虽然离开了老家，国弟的心其实和我一样，仍然留在了那片土地上。

那一年，我和国弟一同考上大学，那是山村里多么荣耀的一件大事！一年出俩大学生，整个村子都沸腾了！国弟的爸和我爸本就是自小玩到大的伙伴，受这消息鼓舞，他毅然决定回老家好好庆贺一番，当即请来了镇上的电影放映队一连三天晚上在村子里放电影。那是我有生以来见过的村子里最大的阵仗。据说，周边的杨家塆、张家塆、树皮子塆至今也没有一个人正式考上大学的，据说他们都认为就咱们村接上了王宿山的灵气。

可是我始终弄不明白：如果王宿山真有什么灵气的话，为什么它就不能让我的国弟躲过那一劫呢？

聪明的国弟考进了浙江商学院，听说我想考研，他从遥远的浙江之滨给我寄来一部单片机，兄弟情谊远非只言片语可以描述。大学毕业以后，我只身南下，他却回到湖北，供职于鼎鼎大名的东风汽车集团。

2006年，国弟受东风汽车集团公司委派开拓江苏东风商用车市场，任江苏商务代表处副总经理，三年多的开疆拓土，江苏市场已然打开。可是，病魔却也悄然向他袭来，他最终倒下了，再也没能站起来。他的灵柩被运送到老家的王宿山上，他又长眠在了那儿时拾柴、放牛、讲故事、打雪仗、偷甜瓜、喝符水的地方。他在外面成就了一个乡村娃的传奇，却最终还是回到了自己最初出发的地方。这是怎样一个令人断肠的生命轮回！

那里风景很好。每年的清明时节，山下是大片的油菜花，而山上的野栀子花也开始吐蕊。

那些曾经是每年国弟回家祭奠祖先时多么美丽的背景！可是从今以后，那些美丽风景都将成为人们每年祭奠他的背景！造化弄人，叫人情何以堪？

那路·那情·那牵挂

从王宿山一直延伸到镇上，原来有一条不宽的山路。那条路很破烂，没人维修，都用了二十多年了，还是当年搞农田基本建设时期的底子。耐得住颠簸的话，天晴时尚能行车；下雨天就不行了，完全得步行。我从这条山路出出进进也有近二十年的时间。

开车回去过两次，都是走的这条路。第一次车子几乎开不进村，好不容易开进去，又真不想开出来，最后回到茶山，大修一次，花了近三千元，我都怕开车回家了。第二次还好，有些路段已经开始铺上水泥了，不过开车仍然很艰难。

我怎能忘记，从这条路我走进了中学，走上了大学，一直走到了千里之遥的东江之滨。

我怎能忘记，每次回家，婶婶、隔壁的饶姨、西头的金华姐给我送来的那一篮一篮的鸡蛋、那一筲箕一筲箕的花生、那一大块一大块的腊肉。

我又怎能忘记，每次从老家返莞，乡亲们一大早就点着鞭炮在这条路上为我送行。

我记着的，我是从这条路上走出来的。

我不是什么富人，在东莞、在茶山，我是再普通不过的工薪一族。可是在乡亲们的眼中，我是村里的招牌之一。有车有房，可以把家人照顾得很好，这样的生活他们非常羡慕。这大概就是今天中国的一个基本现实：地区间贫富悬殊。

平时，亲戚们得了大病，姐姐们的孩子读书缴不起学费，他们总第一时间想到我，而我也总把这些当作我义不容辞的责任。每次回家，叔叔阿姨有困难，老人们有病痛，我也总竭尽所能地提供帮助。孩子们甚至每年都盼着我回老家过年，因为我给他们的红包最丰厚。

因为我知道，我是从那座山那条路那个村子走出来的。

今年9月的一天，村长打来电话，说村子里要修路了。我知道，村前的那段路已经没办法走了，早该修了，他们这是想要我捐款。

我问村长想要我捐多少，他不敢出声。我是知道他的，总带着一点农村人的腼腆，但心里面多么希望我能伸出援手！

其实我早已把捐款交给了姐姐，告诉她村里修路要用，就随时给他们。捐款不多，却是目前村里接到的最大的一笔个人捐助。

自从来到东莞，来到茶山，我就知道，有一条路已经修通。这条路从茶山到浠水，从东莞到黄冈，从广东到湖北，从沿海到内陆，从东部到中部，从异乡到故乡，绵延无绝。

这是一条我的情感皈依之路，也是一条也许我一辈子都走不完的扶贫助困之路。

老家还很贫穷，需要帮助，我多么希望她能够尽快富裕起来。为了早日实现这个目标，我曾连续在网上发表长帖《浠水，你不可以再错失良机》《再顶浠水——关于黄石跨江开发浠水的讨论》《“8+1”还是“7+2”——三谈黄石浠水合作》，我的帖文得到了家乡政府和媒体的重视，曾一度掀起讨论家乡发展的热潮。家乡的发展已经成为了我生命中最大的牵挂之一。

以前闲来逗小女，问她：你是哪里人？她会很肯定地回答：我是湖北浠水人。这是爷爷奶奶在的时候教她的。爷爷奶奶不在了以后，在她心目中，爷爷奶奶已经变得越来越模糊了，现在再问她这个问题，她的回答就变得犹豫起来，有时候甚至还不太愿意回答。我知道她的困境，我的故乡在她的心目中实在太遥远，她更知道茶山才是她的家，这里有爸爸妈妈，有她的外婆，有她的表哥表姐们，有她的小伙伴们。显然，在她的心目中，故乡异乡已经与我的理解完全不一样了，所以她可以很快淡忘爷爷奶奶告诉她的那个故乡。

“年深外境犹吾境，日久他乡即故乡。”对我来说，或许更应该时时用这样的心态宽慰自己。

可是我的国弟、我的父母已经长眠在了那片土地上，我的乡亲还都生活在那片土地上，我又怎能像女儿那般轻轻地放下那一份牵挂？

过两日便是父亲的祭日，此刻，我仿佛又听到远山在呼唤，我知道那一定是故乡在亲切地唤我的小名。

2010年11月

（此文收录于茶山镇文学作品选集（二）《象岭松》）

行走之美

且行且思，感受教育律动

——上海学习之旅回望

2017年11月19日—25日，我们东莞市中小学德育管理干部一行九十余人，赴上海培训学习。此行行程较远，课程安排紧凑，学习强度比较大，每天中午完全没有休息，但我们并没有感到多累，而是满满的收获。

收获之一：登高望远，不一样的上海德育

得益于华东师范大学的强大影响力和辐射力，上海德育教育毫无疑问已经走到了全国的最前列。

一是德育理念领先。从我们参观的上海风华初级中学、静安区第一中心小学、华东师大附属紫竹小学和华东师大第二附属中学附属初级中学等四所学校来看，几乎每个校长或者德育干部都已经跳出了烦琐的日常德育管理的圈子，成为了德育理论研究、德育课程开发、德育体系建构的专家。就在我们还在穷于应付每天繁文缛节的琐碎的日常德育管理的时候，上海已经远远走到了前面。学习参观过程中，我们有幸聆听了华东师范大学席居哲博士、黄向阳教授的讲课，大略知道了他们长期深耕上海教育；我们也了解到了上海几位校长和德育干部几乎都是华东师大的嫡系弟子，这种师承，造就了上海教育的独特品质：理论厚实，实践扎实，一流定位。

二是办学体制灵活。我们参观的几所学校之中，几乎涵盖了各种属性的学校。有公办的，有民办的，也有集团化办学的综合属性的学校。不管哪一种形式办学，我们看到的都是勇于创新、争创名校的精神面貌。我

想，这也毫无疑问跟这里灵活的办学体制相关。事实上，华东师范大学本身就亲自参与了这种办学实践，华东师范大学第二附属中学就在上海闵行区紫竹国家高新区办有华东师大二附中附属的中学、小学、幼儿园和双语学校这种教育集团。

三是人才储备丰厚。据阚颖碧主任讲，华东师大二附中附属初中，其教师队伍中70%—80%是华东师大的硕士和博士。而据静安区第一中心小学张敏校长介绍其师资队伍也是80%以上是硕士、博士。名校的背后是名师，名师的基础是优秀人才。华东师大的优秀人才输出奠定了上海教育高地的坚实基础。

收获之二：专业成长，只有前路没有终点

此次上海之行，我既看到了上海基础教育尤其是德育教育的巨大优势，也深深感到德育干部专业成长的道路无限广阔。

无论是风华初中的堵琳琳校长讲到的“SET”和“SAIL”德育课程，还是静安区第一中心小学的张敏校长讲到的“五指课程”，都让我们看到了专业上的差距。

而席居哲博士的讲座《积极的教育理念与实践对德育工作的启示》，更让我们看到教育理论学习对我们德育工作者来说显得多么重要和迫切！“快乐可以习得，幸福也可以习得”，“教育是一个灵魂去触动一片灵魂”这些话语至今言犹在耳，必将给我们的德育理念和德育工作带来极大极深的影响。

黄向阳教授的讲座《品德的核心素养及其培养》则以严谨的学术研究态度，深入研究了品德的结构及核心素养的培养等问题，为我们开展德育研究提供了一个很好的样本，开阔了我们的研究视野，拓宽了我们研究思路。

路漫漫其修远兮，吾将上下而求索。我看到了差距，也看到了方向，专业成长，只有前路没有终点。

收获之三：同窗共学，在碰撞中产生火花

此行一周，东莞德育同行九十余人一起学习，共同探讨，智慧碰撞，火花四溅。

我被分在第一小组，我们在组长常平教育局钟林德带领下，和常平、大朗、大岭山教育线的同人们，组织交流学习、聚餐、合影，既增进了相互之间的了解和友谊，也探讨了上海德育教育与东莞德育教育的不同。

除了本组成员之间，我还与麻涌教育局李洪新组长、麻涌古梅一小罗汉杰、麻涌大盛小学黄耀辉、沙田宣教局陈夏声、沙田中心小学曹汉章、沙田二小郭兆峰、洪梅中学徐建文等结识和深入交流，获益匪浅。

此行之中，也碰到了教育局李炳祥、石龙二中邱启明、石龙宣教局石光明、香市中学张金龙等一干老朋友，大家谈上海、谈德育、谈困惑，也是让我受益良多。

最让我难忘的是大岭山中学魏益文校长。我们刚好同住一室，交流最多，也最充分。因为魏大哥也管学校工会工作，所以大家话题更多一些。培训回来以后，魏大哥还专门发了几个我所关注的工会文件给我，对我工作帮助很大。

让我记忆犹新的还有我们可爱的“瑜伽宝宝”陈楚欣课间的瑜伽表演，还有我们热情的班委同学们，我们可敬的陈应才老师。

总之，思维碰撞的火花、同侪交往的火花、老友相聚的火花、记忆深处的火花，熠熠生辉，点亮了我们整个培训的旅程。

且行且思，感受德育教育的律动，谦卑学习，同侪共进，或许这正是我们此次学习培训活动的初衷吧？

2017年12月

西湖的范儿

趁国庆假期，我一家人寻到杭州西湖边，小住了几日。

夕阳下的西湖边，早已被人流围成了圈。虽然人多，但人们并不争抢，就这么不紧不慢、优哉游哉地看着走着说着笑着。自行车、电瓶车有时也加入到庞大的人流中，人群的流动节奏更显得缓慢。奇怪的是，要在平时，大家一定得抱怨交通不畅，这个时候竟如此宽容：由得它慢，由得它拥挤。走在这拥塞的湖边，心里反是格外舒坦。不久前，从网上听到一个词儿叫“慢城”，恰与此时的感觉合拍：莫非西湖再一次掐到了这个社会的“七寸”？

不知什么时候，一只小松鼠从树上的巢里窜出来，顿时成了“小明星”。有拿起相机拍照的，有买来零食喂的，有专门来逗乐的，有带着孩子来见识松鼠的。在小松鼠的周围，人们自然地围成圈。这家伙还真是见过世面，竟然一点儿都不怯场，大大方方地接受人们的围观。

湖边时不时窜出几只野鸭子，毛色是麻中带绿，也不怕人，想拍照很简单，它们有时好像特意停在那儿亮起翅膀等着你一样。我曾在若尔盖草原的花湖也见过成群的野鸭子，但那些野鸭子总是远离人群，想拍一张特写？难！不会是人们把闲情逸致传染到了这些小生灵身上了吧？

爱晚亭边，人们把唱曲的围成一圈，中间一个四十上下的大姐在咿咿呀呀地唱，五六个老者各持一把乐器，摇头晃脑地伴奏，非常专注投入。唱罢一曲，原以为有人手托礼帽或者铜盘大喊：哎！各位大哥大姐，有钱的捧个钱场，没钱的捧个人场……没有！只有全场的欢呼声：好！好！再来一曲！

看看其他的地方，也一样。有些场地就三两人拖着一个便携式音箱在那里自娱自乐唱歌，有兴趣的朋友，不管认识不认识的都可以随时加入进去，唱得好的，周边马上就被一圈人围住，非再唱几首不可。

跳交谊舞的也有。印象最深的是一个老者，一袭紧身的镶金边的黑衫黑裤，宽边的大框眼镜，后梳的整齐头发，简直就是明星范儿，在那有板有眼地指导舞伴走位。在他的周边，有年轻的夫妇、有中年的朋友、有看热闹的人们，他全然不顾，只顾尽情投入地享受自己的快乐。

悠然自得、气定神闲，永远都是一种“你横任你横，清风拂山冈”的淡定！这大约就是西湖的美处！

看过其他一些地方的广场舞、大喇叭，一大群人在组织者的带领下，一起摇摆舞动。热闹是够热闹，总感觉少了点什么。

是少了点什么呢？

跟着人流，在西湖边熹微的霞光中，信步而行，答案似乎就有了。

2009年10月

满满的收获

——松山湖跟岗归来

12月24日起，我们茶山中学教师，来到东莞松山湖实验中学跟岗学习。我先后听了省名校长工作室主持人万飞校长、省名教师工作室主持人潘艳荔主任、广东第二师范学院熊焰教授和松山湖实验学校德育副主任王睿凯的讲座，收获甚丰。

万飞校长作了题为“走向智慧学习的学校创新之路”的学校办学情况介绍。万飞校长介绍了学校创办以来的办学思想和办学经验，跟我们分享了松山湖实验学校“创造教育”的特色和一路走来的艰辛历程，让我们充分感受到了“创造教育”的价值及其魅力。他的讲座结语“预见，方可遇见；尊重，方可创造”，给我们留下了深刻印象，正如其所言，好的教育须有“预见”和“尊重”。

潘艳荔老师是我黄宏伟名师工作室的指导老师，为人谦和。她的讲座《心之所向，素履以往——也谈教师的专业修为》深深震撼了我。我感觉几年不见，潘老师的专业上又精进了一重境界。围绕着“唯有见识，方有格局”“唯有专业，方有尊严”“教师成长的四个层次（知识、能力、智慧、情怀）”“骨干教师的专业‘三养’（师德修养、专业素养、生命营养）”“教师的自我探索（兴趣探索、性格探索、能力探索、价值观探索）”“读书的厚度决定讲台上的高度”等等话题，潘老师跟我们深入分享她一路走来的所思所想，我们深深感佩她的专业精神。

广东第二师范学院熊焰教授则给我们就教师发展问题作了振聋发聩的专业引领。熊教授谈到：教师需要有四个方面的提升。一是能力，要有做事的本事；二是要和别人友好相处，寻找精神上的同伴；三是要有自尊，自己看重自己；四是有好的结果。非常欣赏她所说的一句话：教师因开放、学习、汲取而有生长的光泽。她还跟我们分享了“人如何在无趣的时代活得有趣？”的话题。她告诫我们：人要活得有念想，经营工作要像经营爱情与婚姻一样，让我们在比较无情的时代里，“深情”地活着。最后她还就东莞教育的一些问题与我们作了分享。熊焰教授通透的讲座，打通了我们思维上的很多关节，教益甚多。

学校德育处王睿凯副主任的智慧德育专题讲座和班主任工作经验分享，也给我们带来了很多思考。王睿凯副主任跟我们分享了松山湖实验学校的德育体系，并从“德育工作三全化”“德育活动课程化”“德育途径数字化”“德育合作常态化”“德育评价多元化”五个方面全面具体地阐述了学校“智慧德育”的内涵要义、实施的路径、方法、形式以及取得的成效。令人耳目一新的是学校将现代信息技术手段融进德育管理，提高德育管理的效能。在班级管理方面，王睿凯副主任的分享也是非常厚实。他把自己十多年的班主任经验上升到形成自己的风格，所带班级教育教学效果非常突出，给人留下了深刻印象。

松山湖实验中学虽说建校时间只有三年，学校和老师都很年轻，但学校发展的顶层设计做得很好，学校主张的“创造教育”办学思想体系完善，深入人心。无论是课程、课堂、教研，还是德育、安全、文化，处处都彰显了“创造教育”的活力。这次松山湖实验中学的跟岗学习，真是收获满满！

2018年12月

思想在碰撞中升华

——广州学习散记

在广州市西关外国语学校和广州市海珠外国语实验学校跟岗学习两周，我感到接受了一次全面的思想冲击，收获非常巨大。

一、抱着学习的态度，全面深入了解了两所学校独辟蹊径的办学思想、成绩斐然的办学成效、高效精细的管理运作模式

两周的学习，我记录了大量的笔记；拍了数百张珍贵照片；向西关外国语学校讨要了200多兆的电子材料，向海珠外国语实验学校讨教了校本课程开发的成功经验。西关外国语学校何冰校长和海珠外国语实验学校的梁艳琼校长都如数家珍地讲述各自学校的历史变迁和创建名校的筚路蓝缕艰辛历程。大到办学理念、校训和培养目标的顶层设计，小到校园一花一草的布置、对一位学困生的帮扶，两位校长都举重若轻，侃侃而谈。从这里，我们一方面看到了两校办学的不易、创业的艰辛，另一方面也真正体会到了两位女校长带领一群教育人办出了一所令人尊敬的学校的那种自豪感！通过细心聆听、悉心观察，我们真正领会到了西关外国语学校“金苹果教育”和海珠外国语实验学校“成全教育”的独特魅力。

跟岗学习期间，我们与学校的教学、德育等中层广泛接触，深入交流。我们感叹于他们取得的一年一大步的惊人进步！我们感叹于他们令人难以置信的成绩数据！我们感叹于他们对于每一个流程的那种近乎苛求的执着追求！我们感叹于他们的质量分析对老师们既有鞭策又有充分人性关怀的高超艺术！几天来，我们深深折服于两所学校从校长到每位教师身上的那种敬业奉献精神、那种执着求新顺变的创业精神！

二、带着批判的思维，全面思考自己的办学，力求学有所得、学有所用

在西关外国语学校和海珠外国语实验学校跟岗的这两周，我们每天都有新的收获。在西关外国语学校，我们听何冰校长介绍，西外每年办一样活动，都力求有新的进步，为改变校运会少数人玩的状况，他们特意设计一些游戏性的活动让没有运动项目的孩子参加，我们感到耳目一新，并成功地把它带到自己的工作中；我们参观两所学校的校本课程，看到孩子们饶有兴趣学习的情形，我们深切感受到两校开展特色教育的扎实有效，也已经把这些校本课程理念带回了学校，并在中层以上行政会议上进行了传达和学习；我们听到德育、教导进行的工作汇报，对两校中层的敬业态度、职业精神肃然起敬，也把这种拼搏精神深深记在了心里！

在收获的同时，我也在想，拿西关外国语学校和海珠外国语实验学校作参照，我们究竟在一个什么样的位置？我们该怎样对自己的学校进行定位？该如何理清学校发展的思路？也许现在来讲这还是一个太大的命题，但要做一个明白的教育人，这个问题是绕不过去的，我们终究需要面对。

刚好这些天学校也在酝酿举办运动会。我想，我们从小的方面学习开始吧，先让我们的运动会不要只是体育好的同学的“独角戏”，也像西关外国语学校一样，把它办成所有师生的一场运动聚会吧。而我们的学校工作，也可以像海珠外国语实验学校一样，一件一件地去梳理得更加清晰、明朗，真正让我们在西关外国语学校和海珠外国语实验学校的跟岗学习，成为我们人生的财富！成为我们办学的财富！

三、怀着感恩之心，学习西关外国语学校和海珠外国语实验学校，宣传西关外国语学校和海珠外国语实验学校

从走进西外的那一天起，我们就非常深切地感受到了西外人的真诚。何冰校长和盘托出西外的创业历程，教导处、德育处、办公室几个中层也一样真诚地与我们分享学校管理的每一个细节。在海珠外国语实验学校，

我们感受到海实领导老师的繁忙。但是这里的每一个人，从学生到老师，每天都会笑脸迎人，虽然繁忙，但是他们精神充实而丰盈。

从这里，我们看到了一所学校的校训在缔造师生灵魂方面所产生的巨大威力！在这里，校训真正融进了每一位师生的血液，在我看来，这就是最成功的教育！

西关外国语学校的“金苹果教育”和海珠外国语实验学校的“成全教育”，已经取得了巨大的成功。也许，它们都还不是最好的学校。但是在可以看到的未来，我相信两校一定可以成为最好的学校。不为别的，就因为这里有着一群执着一念办最好的教育的人。

祝愿它们取得更大的成功！

2016年12月

梦想之美

我的茶山梦

一、走向世界的“茶园游会”

2030年4月18日。地铁R2线茶山站。

作为茶山教育界的代表，我和茶山其他代表一道奉命在此迎接联合国教科文组织官员汤姆斯先生一行。汤姆斯先生是一个和我年龄相仿的老头，也是茶山人民的老朋友，曾多次到茶山考察，对茶山保留的民俗文化表现出了非同寻常的兴趣。此次茶山之行，他就是来帮助茶山“茶园游会”申请世界非物质文化遗产的。

7:30分，汤姆斯先生一行准时抵达茶山站，我们热情上前与其握手。让我们惊讶的是，汤姆斯先生和他的工作团队全部都会汉语。一阵寒暄之后，我们出站乘车前往“茶园游会”东岳庙主会场。我负责沿途向汤姆斯一行介绍茶山的情况。

车行至茶山安泰路立交时，汤姆斯先生打断了我：“这里，我上次来差点遇到了大麻烦，我们的车正穿过立交下坡，一个人突然从护栏边冲了出来，吓得我们都慌了神，差一丁点就撞上了。”说这话的时候，汤姆斯先生显然还没有从那惊险的一幕中回过神来，我们都为之心头一紧。不过，我还是尝试着向汤姆斯先生一行介绍茶山这些年来的变化，其中就包括人居方面的。我告诉汤姆斯：茶山就是整个东莞发展的一个缩影，曾经有一段时间过于追求经济的发展，而忽略了人的素质的全面提高，所以交通事故频发、治安状况恶化，整个城市当时在全国都有指标意义，我们甚至把那一段时间称之为东莞的黑暗时代。但是，这一切都成了过去，你看现在，很多市民都准备参加“茶园游会”了，但大家都非常守规矩，没有人乱穿马路了，没有人闯红灯了，没有人胡乱鸣笛；夜晚的时候，你甚至见不到胡乱开大灯行车的情况了。

汤姆斯先生听了我的介绍后不住地点头。虽然他来过几次茶山，可是显然，他对茶山近年发生的这些巨大的变化还是有些出乎意料。

车行至茶山大道中，汤姆斯先生突然又问：这里还会水浸吗？我感到有些奇怪：怎么，先生曾经看过这里水浸的情况？汤姆斯先生爽朗地笑道：十几年前，当我第一次来到这里的时候，刚好看到这里一片泽国，车都走不了。记得当时还有一条新闻说“满街水浸，茶山市民上街抓鱼”。汤姆斯的一席话把大伙儿都逗乐了。我告诉汤姆斯，正是从那时开始，政府对茶山排水系统进行了全面规划改造，引进了最先进的地下排水系统，现在即使遇到百年不遇的洪水，我们这里都不会出现水浸了。

汤姆斯先生闻此竖起大拇指，不住地说：这个好！这个好！

7:40分，我们来到“茶园游会”东岳庙主会场。汤姆斯先生一行与我们陪同人员一一握手之后，告诉我们说，他们要独自开展工作，请我们各自回到自己的岗位。原本我们以为可以陪同他们一起考察，顺便协助他们做一些收集资料等的工作，但老头婉言谢绝了。我们带着无限的敬佩与不舍跟他们话别。

一年以后的4月18日，“茶山茶园游会”正式被联合国教科文组织列为世界非物质文化遗产名录。“茶山茶园游会”作为茶山最响亮的名片从此走向了世界。是的，一个不会遭受水浸的小城，一个严谨得近乎有些刻板的城市品格，配得上这张名片！

二、他乡遇故知

2035年10月1日。瑞士苏黎世。

这一年，世界上已经有200多个国家和地区给予中国人免签证待遇。中国人到欧美甚至非洲旅游就像走亲戚一样平凡。

这一年，刚好我也退休了，我曾经怀揣的周游世界的梦想可以实现了。我把周游世界的第一站定在了苏黎世。

苏黎世的天气比我想象的要寒冷一些，可是一想到可以在异国他乡过不一样的国庆节，我就完全忘记了寒冷。一下飞机我就直扑苏黎世湖——

我心中的那一面圣湖。

我在湖畔住下来，看着白雪皑皑的阿尔卑斯山蜿蜒东去，看着天鹅在湖畔盘旋戏水，我们的心情万分激动。我准备做一桩伟大的事情：作为一个中国公民，作为一个茶山人，我要在最美的苏黎世湖畔为我的国家举行一次静静的升旗仪式。

凌晨1点，刚好是北京时间早上8点，我把早已准备好的五星红旗升到了寓所的门前旗杆上。奇巧的是，就在我转身的一霎，我看见右手边不远处也有一个人在升五星红旗！我好奇地走过去打招呼，不想竟然还是老朋友袁生！真是无巧不成书，两个茶山人竟然同时在异国他乡举行了升旗仪式！

一聊才知道，有很多的中国人到这里旅游，在这里，中文畅行无阻，所以碰到家乡人完全不是什么奇怪的事情。于是我们都感慨：国家的强大，不在于地大人多，而在于它的人民可以自豪地出现在世界的每一个角落。

三、我的光荣与梦想

茶山，一座再普通不过的中国小城。有一天，当她的“茶园游会”走向了世界；有一天，当你作为这座小城的市民，可以在世界的许多角落偶遇同乡；有一天，当你作为茶山人身处异乡，竟然发现自己的心还在与茶山与自己的祖国一起律动，这个时候你会有一种感觉：世界太小！茶山真大！中国真大！这是我的梦想，我的茶山梦！

2009年5月

（此文曾荣获2013年茶山镇“茶山梦”征文二等奖）

后 记

经过半年多的筹划，这本书终于可以付梓了，心里的一块石头也终于可以落地。

需要说明的是，出这本书，我绝不是为了举一面旗，打出时髦的旗号，而是为记录成长，也是对自己二十多年职业生涯的一次回眸。

回顾一路走来的历程，往事仍历历在目。此刻，我脑海里最先冒出来的一个词语就是“感谢”。能够出这本书，我首先要感谢一路陪伴和引领我专业成长的所有师长和朋友们。有几位是我必须要在这里特别鸣谢的。

邹进雄老师是我二十多年来一直视为兄长的领路人。2003年，我第一次参加全市公开课比赛的时候，是他给了我信心、胆量和指导，让我最后一路杀入决赛。2005年，是他带着我参加“语文报杯”全国初中中学语文教师教学论文大赛，见识了大场面。2005年，因为在文言文教学方面的深入研究，他所撰写的论文获得了东莞市一等奖，这更让我长了见识。在他的提携和鼓励下，2007年我撰写的论文《跳出语文教语文》也获得了东莞市一等奖。可以说，是邹进雄老师一步一步带着我走上专业发展之路的。

还有一个人也是我必须要感谢和缅怀的，他就是黄宏伟老师。黄老师很早就是广东名师，可惜天妒英才，不幸于去年病逝。2010—2012年，我在黄宏伟名师工作室跟岗学习。跟着黄老师学习的这三年，我对教育的认识和理解不断深入，专业上精进不少。更重要的是，跟岗学习加深了我对团队的理解，让我更加懂得以积极的心态去面对生活。可以说，是黄老师塑造了我在专业发展方面甚至做人方面的基本品格。至今，无论做学问还是做人，我都有意无意在模仿他。

这本书最终能够付梓，我要特别感谢我的好友潇湘文化罗建云总经理！因为自己的一些评论文章未能过审，一度我曾对这本书的出版有些泄气！是罗总给我及时的指引和鼓励，让我可以站到更高的层面思考问题，深深感受到身上沉甸甸的“责任”。

我还要感谢潇湘文化的编辑和北京日报出版社的编辑。在与我接洽的过程中，潇湘文化的编辑总是不厌其烦地接受我的意见，为我改稿和审稿。北京日报出版社的编辑近乎苛刻的校对和审稿，让我对编辑这个职业更加充满敬意。他们的认真负责让我深受教益，也更加认识到了表达稳妥和谨慎的重要。

“白日不到处，青春恰自来。苔花如米小，也学牡丹开。”我的这本小书就是这样的一朵小花，自我放飞般兀自开放着。愿所有跟我一样，想在专业发展的道路上如苔花般绽放一回的同人和朋友，能从中获得点滴的启发。

占　澜

2020年5月22日